Rafael Negrete-Portillo

El Faro

(Comedia hereditaria e inoficiosa)

Premio Internacional de Literatura Antonio Machado 2025

Premio Internacional de Literatura
Antonio Machado 2025
Primera edición: febrero de 2025
© Rafael Negrete-Portillo
ISBN 978-84-129190-6-6

Edición de la Fondation Antonio Machado de Collioure,
con el apoyo de Région Occitanie Pyrénées-Méditerranée, Département
des Pyrénées-Orientales, Communauté de Albères-Côte Vermeille-Illibé-
ris y Mairie de Collioure.

Integrantes del jurado: Manuel Aznar Soler (presidente), Andréane Ber-
nard, Florence Dumora, Sonia Fernández, Carole Fillière, José Manuel
Lucía Mejías y Nathalie Sagnes-Alem

Colección dirigida por: Antonio Orihuela y Verónica Sierra Blas
Diseño de la colección: Emmanuel Gimeno

Fondation Antonio Machado de Collioure
Mediateca Antonio Machado
1, Rue Jules Michelet
66190 Collioure (Francia)

Editorial La Vorágine
Calle Cisneros, 69-Bajo
39007 Santander
Cantabria (España)
editorial@lavoragine.net

A mi madre, Rosa Portillo Balseiro,
faro que nos alumbra desde el cielo.

Una misteriosa herencia reúne a un grupo de excéntricos personajes en el faro del archipiélago de Legalia. Allí, aisladas durante todo el fin de semana a causa de la tormenta, deberán enfrentarse (en clave de comedia) al mayor reto de sus vidas: descubrir a un asesino que recrea los crímenes de la pieza magistral de Agatha Christie: *Diez negritos*.

—Un texto pensado por y para actrices de +50 años, ese colectivo tan invisibilizado—

Dramatis personae
(por orden de intervención textual)

Alfonsina Paña Loquepilla
(Cleptómana y socia ocasional de Jocasta)

Jocasta Bernabé Bemucho
(Médica personal de Restituta)

Restituta Gobiamucho Quemadas
('Pescadera' heredera)

Norma Gistral
(Actriz diva adicta a la cirugía estética)

Imelda Yuyu
(Directora de cine con cacolalia)

Azucena Fría Quemadas
('Dueña' heredera del faro)

Alba Perpetua Cea Bogada
(Albacea testamentaria)

Virtudes Pistada Quenoveas
(Inspectora becaria autofinanciada)

Teniente Fermín
(Voz en *off*)

ACTO UNO

Escena 1

Oscuro. Comience a sonar una música de bouzouki con ese balanceo misterioso y marítimo de las costas y playas griegas.

En un lateral, dos mujeres con chubasquero amarillo discutan en voz baja. Una tenga una prenda de rayas colgando del brazo. La otra, bolsas de grandes almacenes 'low-cost'.

Alfonsina: ¿Lo has cosido como quedamos, Jocasta?

Jocasta: Primero la contraseña.

Alfonsina: Venga ya, déjate de rollos a ver si se despierta Restituta y la liamos, que 'los malos tragos hay que pasarlos pronto'. Sabes de sobra que soy yo, en la bolsa traigo la otra parte...

Jocasta: Con-tra-se-ña.

Alfonsina: *(Le hace una peineta con el dedo)* ¿Te vale esto de contraseña? Jocasta cuando te pones en plan Janne Bond no hay quién te aguante.

Jocasta: ¿Janne Bond? ¿No querrá usted decir James Bond en lugar de Janne Bond?

Alfonsina: Que no me llames de usted, que me haces viejuna: James Bond, Janne Bond... ¿Qué más da? Al final en el cine todos los agentes secretos tienden a ser hombres, buenorros como ellos solos, vale, pero hombres.

Jocasta: También hay mujeres espías.

Alfonsina: En la vida real sí. Pero ¿cuántas mujeres has visto tú en una película de espías que no se puedan sustituir por un florero sin que sufra la trama?

Jocasta: Cierto, pero haberlas 'haylas'. *(De memoria a toda* *velocidad)* Está Josephine Baker, la condesa de Castiglione, Virginia Hall, África de las Heras y mi preferida: Margaretha Geertruida Zelle: Mata-Hari. Algún día me pondré una diadema como la de las fotos de Mata-Hari. Sí: un tocado con forma de cisne.

Alfonsina: Tocada sí que estás. Venga, enséñame de una vez qué tal ha quedado. ¿Lo has descosido?

Jocasta: Yo siempre cumplo. ¿¡Y tú traes la otra parte, Alfonsina!?

Restituta: *(En off. Un grito que hace temblar las paredes... incluso la cuarta)* ¿¡Quién anda ahí!? ¿Qué lenguados pasa?

Alfonsina: Shhh, no grites, que como salga Restituta y nos pille se acabó.

Restituta: *(En off)* ¿¡Quién va!? ¿Quién rodaballos anda ahí?

Alfonsina: ¿Qué hacemos?

Restituta: *(En off)* ¿¡Jocasta!? ¿Eres tú?

Alfonsina: Di que sí. Di que has bajado a por un vaso de agua.

Jocasta: *(Felinamente ladrando)* Guau, guauuu.

Alfonsina: Dile lo del vaso de agua que lo del perro no va a colar.

Jocasta: Lo que no cuela ni de broma es lo del agua, que Restituta me conoce muy bien, llevo nueve años cuidándola. Guau.

Alfonsina: ¿Quieres dejar de hacer el perro, idiota?

Jocasta: No es un perro idiota, es un gato persa. ¿No notas el acento mesopotámico al maullar? Guauuu.

Alfonsina: Lo que vas a notar tú es mi mano en la cara.

Restituta: *(En off)* ¿¡¡Jocasta Bernabé Bemucho!!? ¿Eres tú?

Jocasta: Nooo... Guau. *(Con voz gatuna)* Soy un gato. Guau, guau. Un gato persa: guau, guau, guau.

Restituta: *(En off)* ¿Un gato persa? Será el de nuestro vecino noruego.

Jocasta: *(Asintiendo)* Guau.

Restituta: *(En off)* ¡Me cago en todos los salmonetes! Pero si tiene el mismo acento mesopotámico que el noruego de enfrente, sí. Es ese gato: el maldito gato persa. ¡¡Gato, fuera de mi casa!!

Jocasta: Vale... Guau. Ya me voy: *Shab khobi.*

Restituta: *(En off)* *Shab khobi, shab khobi* para ti también.

Jocasta: ¿Ves? Si hasta me devuelve las buenas noches en persa.

Alfonsina: Desde luego 'no hay peor ciego que el que no quiere ver'.

Jocasta: Qué va, Alfonsina. Si esta no es ciega, ve perfectamente, lo que le fallan son las piernas.

Alfonsina: Y el cerebro.

Jocasta: Yo también lo celebro. *(Saca la prenda que tenía al brazo, la extiende y vemos un chaquetón de rayas marineras. Una de las mangas es normal, en perfecto estado, pero la otra parece el doble de ancha)* Aquí está. Lo he abierto tal y como quedamos para unirlo con tu parte.

Escena 2

Cubierta con una bata de satén encontremos a Norma Gistral. Lleve varias máscaras de sí misma en las manos, e incluso, una de ellas puesta.

Acarree otras dos caretas (también de sí misma) sujetas con un palo. Está actuando para Imelda Yuyu, la cual la ilumine con una cámara-frontal sujeta, obviamente, a su frente.

Norma: Esta mañana usted, Lombard, acusaba al juez Wargrave de ser el asesino. *(Juego de caretas: irá cambiando de máscara con cada personaje, a pesar de ser la misma imagen. Ahora como Lombard)* En efecto, Vera. Yo le he acusado, pero me equivoqué. ¿Verdad, doctor Armstrong? *(Como doctor Armstrong)* Sí, Lombard. Y ahora sólo quedamos tres. *(Como Vera)* El asesino tiene que ser uno de ustedes. *(Como Lombard)* No digas eso. Yo corrí...

Imelda: *(Apuntándola el texto)* No digas eso, Vera.

Norma: No digas eso, Vera. Yo corrí... *(Como ella misma. Muy, muy, muy diva)* ¡¡Corten!!

Imelda: Pero si no estamos grabando aún, es solo el ensayo.

Norma: Imelda, que el espectador no es idiota. No hace falta, Imelda, que repita el nombre de los personajes cada vez que hable, Imelda. Cuando yo interpreté de Vera Claythorne, Imelda, en el estreno de esta obra...

Imelda: Por favor, señorita Gistral... ¿Continuamos?

Norma: Puedes llamarme Norma, boba.

Imelda: Qué ganas tengo de poner fin a todo esto. ¿Podemos seguir, señorita Norma?

Norma: Y nada de señorita. Me casé el año pasado con el juez Pedro Tolai. ¿No leíste las revistas? Seis posados robados y tres robados posados que nos hicimos. Menuda boda organicé con la indemnización que Pedrito y yo le sacamos al doctor Escalpelo. Como Pedro es juez, claro... ¿Te he contado ya lo que ese rufián del Dr. Escalpelo me hizo en la cara?

Imelda: Sigamos ensayando.

Norma: Qué dura eres, me recuerdas a Hitchcock cuando rodé *Los pájaros*.

Imelda: *(A su espalda)* ¿Y de qué hacía? ¿De urraca? ¿No? ¿¡De cuervo!? ¡¡Pajarraca!!

Norma: ¿Qué me has dicho?

Imelda: A la traca, he dicho: A la traca... a la traca final de la escena.

Norma: Creía que me habías llamado pajarraca, boba.

Imelda: *(Fuera de sí, sin poder controlar sus palabras)* Fachendosa, fatua. ¡¡Pajarraca, pajarracaaaa!! *(Avergonzada)* Uy, perdón.

Norma: Imelda Yuyu, no te tolero que...

Imelda: Usted perdone, doña Norma. Es que tengo un problema y cuando me estreso o me asusto mi cerebro le ordena a mi lengua soltar improperios sin que yo pueda controlarlo. *(Gritando)* ¡Pajarraca! ¡Lechuzonaaa! *(Avergonzada)* ¿Lo ve? Cacolalia se llama.

Norma: Tendencia patológica a proferir obscenidades.

Imelda: Exacto: cacolalia o coprolalia.

Norma: ¡Qué boba, Imeldita! Haber empezado por ahí.

No te inquietes en absoluto. Precisamente el Dr. Escalpelo también padecía cacolalia. Estoy acostumbrada. Como solía ir cada semana a hacerme un retoquito, llegué a verlo algo normal. Al entrar a la consulta yo decía: «buenas tardes», y él me respondía: «¡¡morroestufa pelaboñigas!!», que venía a significar: «buenas tardes, doña Norma». Tú 'coproláliame' todo lo que necesites, boba, que a mí eso me ayuda a meterme en el personaje. Hice un cursillo a distancia del *Actor's Studio*, como Milikito y Mazagatos: soy una actriz de método.

Imelda: Gracias. Vayamos al final, cuando se descubre que el juez está vivo.

Norma: *(Abriendo la bata donde lleva colgadas un montón de caretas de su propio rostro)* Espera, me falta una careta, precisamente la del juez.

Imelda: Da igual, use cualquier otra, es solo un ensayo.

Norma: Pero sin mi careta...

Imelda: ¡¡¡Caracamellaaa!!! *(Silencio. Sonrojada mira el reloj)* Perdón. Por favor, que se hace tarde. ¿Prevenida? Ensayamos. ¡Cinco y acción!

Escena 3

La melodía cambie a algo más animado, rítmico. Se encienda la escena y veamos la recepción de un cuco hotel, pero en decadencia.

Un enorme cuadro central domine la estancia.

En él se observe la pintura de un faro con franjas rojas y blancas sobre un mar en calma en el que está amarrada una barca. Perpetua aparece, cargada con un libro; lleve un sortijón de exageradas dimensiones, brillante, diamantino. Curioso el contraste sobrio en el vestir en comparación con este atributo.

Azucena: *(Con exagerado acento belga)* ¡Oh, *Très bien*, Alba Perpetua Cea Bogacía! Le ruego que espere en el muelle norte a que llegue el barco de la otra heredera, la tal ¿Restauruda?

Perpetua: Restituta, señora, es Restituta.

Azucena: *C'est certain*[1], cierto, cierto... culpa mía. Es mi 'belgüinlismo' que a veces me traiciona traduciendo de más.

Perpetua: Yo mandé las cartas a todos los Quemadas de la guía, pero no respondieron más herederos que ustedes dos.

Entrando desde otro sector, justo a la salida que da acceso a los pisos superiores del Faro.

Imelda: Ya sabe, señorita Gistral...

Norma: Nooorma, te lo dije anoche, llámame Norma, boba.

---

1 ¡Cierto!

Imelda: Norma boba, eso es. Ya sabe: subimos como si Vera llegase de la playa y descubriese al juez Wargrave. Tal y como lo escribió Agatha Christie.

Norma: Pero no me saques el cachetillo derecho, Imelda. En la última lipoinyección glútea que me hice no me rellenaron tanto como yo quería. Mejor enfoca el muslamen izquierdo que es más 5 jotas. ¿Cuál es mi cámara?

Imelda: Esto, esto que llevo en la frente. La misma que ayer y que anteayer. ¡¡Prevenida!! Cinco y acción.

Desaparezcan.

Azucena: Y de lo otro... Tú *silence s'il vous plait*[2], no comentes nada de que anoche encontramos muerta a la cocinera, a ver si me cierran el hotel antes de reinaugurarlo.

Perpetua: Descuide, señora Florinda.

Azucena: *Non non non. J'ai déjà expliqué*[3]. Ya te he explicado que me cambié el nombre, ahora me llamo Azucena.

Perpetua: Que se cambió el nombre con su cocinera la muerta, sí, señora.

Azucena: *¡Voilà!* Yo tenía unos problemillas de liquidez...

Perpetua: *(La interrumpe)* Zumo de naranja con manzanilla estrellada, ese es el mejor laxante para los problemas de liquidez.

---

2 Silencio, por favor.

3 No, no, no. Ya te lo he explicado.

Azucena: Problemas de liquidez económica, Perpetua. Como tenía deudas, decidí cambiarme de nombre. *d'accord?*[4]

Perpetua: Lacón. Sí, señora, lacón. Además, la última voluntad de su tataratioabuelo Hermenegildo Quemadas, el poeta, me prohíbe hablar de cualquier cosa con nadie que no sea la dueña del faro, es decir, usted, siempre y cuando lo que yo tenga que decir no esté escrito en este libro redactado por el difunto... en vida, claro.

Azucena: ¿No puede hablar con nadie salvo conmigo?

Perpetua: Mire: *(Lee)* «Yo, Hermenegildo Quemadas exijo que se convoque para el sábado siguiente a mi fallecimiento una reunión con todos los herederos vivos. Absténganse los herederos muertos. El encuentro hubiere de llevarse a cabo en dicho faro, a suerte de que solo aquellos parientes que se hallaren en este lugar ese sábado —es decir, hoy—, una vez abierto el testamento el domingo al medio día —es decir, mañana—, podrán llevarse a partes iguales los más de cuatrocientos cuarenta y un millones de talentos en bonos del Estado que don yo —es decir, él—, Hermenegildo Quemadas, hiciere guardar en la caja fuerte sita en el cobertizo del generador. Ítem más: Mi albacea —es decir, yo—, Alba Perpetua Cea Bogacía, no podrá responder a ninguna pregunta salvo su nombre o condiciones legales redactadas por mí, el difunto mientras aún no lo era».

---

4 ¿De acuerdo?

Suene la sirena de un barco. Un toque largo, como el que nos viene a la cabeza al imaginar un trasatlántico a punto de zarpar.

Perpetua: Un barco, señora.

Azucena: No, no. Es el timbre nuevo que he mandado instalar en el faro.

Suene de nuevo la sirena.

Azucena: Vete al muelle de abajo a esperar a Restitatu, que ya abro yo.

Perpetua salga y Azucena se dirija a la puerta.

Escena 4

Entre la inspectora. Gabardina de detective, dos paraguas bajo el brazo y un tercero abierto. Un fardo de libros sujetos con una correa a la espalda, una maletita con ruedas, cables, un teléfono fijo... Un timón de barco y un salvavidas en la mano.

Virtudes: Buenas noches, soy la inspectora Pistada. Virtudes Pistada Quenoveas. *(Le tiende el salvavidas)* Mi tarjeta.

Azucena: Pero esto es un salvavidas.

Virtudes: *(Habla rápido y enérgica)* ¿No es mi tarjeta? ¿Entonces que le he lanzado al tipo del naufragio que me pedía un salvavidas? Ahora entiendo por qué me miraba con esa cara insultante mientras se ahogaba. Una vez ahogado dejó de mirarme. Al grano: ¿¡Dónde está la joya que dice que ha desaparecido y quién la ha robado!? Hable.

Azucena: Yo les he llamado por un asesinato, inspectora.

Virtudes: *(Presentándose de nuevo)* ...Pistada. Inspectora Virtudes Pistada Quenoveas a su servicio. Buenas tardes. ¿Quién es usted?

Azucena: Soy Azucena Fría Quemadas. La nueva dueña del faro y les he llamado porque ha aparecido muerta mi...

Suene de nuevo la sirena del barco.

Virtudes: Un barco. Deduzco que hay un muelle cerca.

Azucena: Dos: el muelle norte y el muelle oeste. El del servicio y aprovisionamiento donde usted ha atracado y...

Virtudes: *(La interrumpe)* Yo no atraco, señora. Atrapo a los atracadores, es mi deber.

Otro bocinazo.

Virtudes: Un barco. Deduzco que hay un muelle cerca.

Azucena: Dos muelles, hay dos muelles, le decía, esto es una isla. En realidad, lo que oye es el timbre, que suena como una bocina de barco. *(Yendo a abrir)* Si me disculpa.

Virtudes: Por supuesto que la disculpo, no es yerro suyo que esto sea una isla. *(Mirándose el timón que lleva en la mano)* ¿Y esto de dónde habrá salido?

Azucena: *(Volviendo)* Inspectora. Es el teniente Fermín. El oficial que la ha traído hasta aquí en la lancha de la comisaría. Que dice que, si es usted tan amable de devolverle el timón para poder regresar, que lo ha cogido sin darse cuenta al bajarse.

Virtudes: Claro que sí. Me habré despistado creyendo que era el de mi lancha, ya sabe, por los ladrones. Cuando aparco mi coche siempre me subo la puerta del conductor a casa para que no entren y me roben la guantera. *(Lanza el timón entre bastidores)* Tenga.

Suene un golpe, un estruendo, un chapoteo y, seguidamente, una voz.

Fermín *off:* (*Dolorido*) ¡Ay! Porque es la mejor inspectora becaria del cuerpo de policías del archipiélago de Legalia, que si no fuera usted 'una genio' le íbamos a perdonar ser tan despistada. ¡Cráneo previlegiado[5]! ¡Geniaaa[6]!

Virtudes: ¿Eugenia? (*Tendiéndole la mano a Azucena*) Encantada. Creía que me había dicho otro nombre con otra voz menos varonil. Bien, procedamos. (*Le da un paraguas*) Aquí tiene mi tarjeta.

Fermín *off:* ¡¡Geniaaa, que es usted una genia!!

Virtudes: (*Levanta la vista al oír a Fermín y al bajarla, mira el paraguas que todavía tiene Azucena en su mano*) Ah, ¿su tarjeta? Gracias, tenga la mía (*le da el otro paraguas*).

Fermín *off:* (*Cada vez más lejos*) ¡Geniaaa!

Azucena: Veo que le tienen mucha estima en el cuerpo.

Virtudes: Efectivamente y sí. Soy becaria autofinanciada de la policía del archipiélago de Legalia desde hace seis años y tres semanas... y solo por cuatro mil quinientos talentos al mes.

Azucena: Muy por encima de los funcionarios 'miltalentistas'. Gana usted bastante para ser becaria. Me alegro.

Virtudes: He dicho «solo por». «Prestar atención a los de-

---

5 Íntimo homenaje a aquel borracho que escribiera Valle-Inclán en sus *Luces de Bohemia* que en lugar de 'privilegiado' decía, precisamente, "Cráneo previlegiado".

6 Aunque la siempre docta y egregia Real Academia de la Lengua Española no contempla el vocablo "genia" como el femenino de "genio", con su permiso —es decir, de ella— queremos cambiar el género de lo que se define como "Capacidad mental extraordinaria para crear o inventar cosas nuevas y admirables" y llamar a LA genio, simplemente, geni-A.

talles de las declaraciones es fundamental para cazar al criminal"». Manual B, capítulo uno, párrafo diecisiete, señorita Eugenia.

Azucena: Azucena, me llamo Azucena. ¿Paga usted por estar becada?

Virtudes: Efectivamente y sí. Es lo que tiene la reforma educativa que, sumada al plan boloñesa y las reoposiciones para funcionario, ha conseguido que las becas sean de nueve años. Y lo mejor: al tratarse de una beca autofinanciada solo pagamos cuatro mil quinientos talentos al mes durante el primer decenio. ¡Una ganga! Como se enteren los austrohúngaros nos copian el sistema fijo. Y ahora, si me disculpa. Tengo que resolver una desaparición.

Azucena: Un homicidio. Por eso les he llamado. Si me permite su abrigo.

Virtudes se quite el abrigo, bajo este, lleve otro exactamente igual, otra gabardina.

Virtudes: Mira, mira, mira... con que estabas aquí, granuja. *(Se quita este segundo abrigo y, debajo, lleva otra gabardina idéntica)* Nota mental: quitar la denuncia a la tintorería por extravío de gabardinas. *(Se encoge de hombros y se quita la tercera gabardina).* Vaya, esto no me lo esperaba. *(Tiene puesto un traje de asturiana, con dengue, saya y 'todu')* Debe de ser de mi última infiltración. Y ahora, si pudiera ver a la cocinera, por favor.

Azucena: ¿Cómo sabe que la víctima era cocinera? Cuando llamé a comisaría no les dije que la víctima...

Virtudes: ¿Qué víctima?

Azucena: La cocinera, usted ha dicho...

Virtudes: Soy alérgica a los ácaros de la lactosa y no me puedo arriesgar a que me sirva el café con gluten en el desayuno de mañana.

Azucena: Ignoraba que fuera a pasar aquí la noche.

Virtudes: Prevén tormenta y fuertes vientos durante el fin de semana. Se prohíbe la navegación y se cierran los atracaderos en cuanto regrese el ferry. Manual B, capítulo dos, punto siete: «La previsión del clima facilita que el investigador no se acatarre».

Azucena: ¡Jesús!

Virtudes: Gracias, pero aún no he estornudado. Sepa usted que las corrientes de aire son muy malas. Yo jamás dejo una puerta ni una ventana abierta por si hay corriente, no le digo más.

Azucena: Si me acompaña la instalaré en la habitación de la azotea, es mucho mejor que la de los pisos bajos porque tenemos un problema con los roedores de la isla.

Virtudes: *(Saca un frasco de plástico blanco de su maletita con ruedas)* Tenga. Mi raticida en píldoras patentado. Es fulminante. Lo hago con extracto de arenque rojo.

Azucena: Aquí pone: «pastillas de cafeína».

Virtudes: *(Cambiando rápidamente de frasco por otro igual)* Pruebe con este. Uso el mismo tipo de recipiente para despistar a los narcotraficantes de *Fariña* que como son gallegos preguntan demasiado.

Azucena: ¿¡Qué me va a decir a mí de los gallegos!? Gracias. En cualquier caso, la instalaré en la azotea. Guarde cuidado con las puertas, acabo de mandar repintar las de todo el faro y aún manchan de blanco, como teníamos la apertura del testamento.

Virtudes: *(Saliendo)* ¿Tan pronto? No hace ni veinticuatro horas que la asesinaron.

Azucena: Vayamos a su cuarto, de camino se lo expongo. El testamento es el de mi tataratioabuelo Quemadas; a causa de esa herencia creo que mataron de madrugada a Florinda Vecrén, nos habíamos cambiado el nombre y seguro que a la cocinera la confundieron conmigo.

Salgan.

Escena 5

Aparezca Perpetua seguida por Restituta. Esta última en silla de ruedas empujada por Alfonsina y Jocasta... de siamesas: una única chaqueta (el chaquetón) cerrado por delante y con tres mangas. En la central sobresalen dos manos.

Porten, no sin dificultad, alguna que otra maleta, baúl y enseres varios además de empujar la silla.

Restituta: *(Riendo)* ¿La albacea se llama Alba y se apellida Cea? ¿¡Alba-Cea!? También tienen mala sangre sus padres al ponerle ese nombre a la niña.

Alfonsina: *(Entre dientes, a Jocasta)* '¡Le dijo la sartén al cazo!'. Aquí, la que se llama Restituta Gobiamucho Quemadas.

Jocasta: Calla que te va a oír.

Alfonsina: 'Quien escucha su mal oye', pero no creo: le he puesto litro y medio de tu anís en el almuerzo. Va más ciega que el mono de la etiqueta.

Jocasta: No vuelvas a tocar mis bebestibles. Resti, tiene que durarnos al menos hasta que se abra el testamento.

Alfonsina: ...O hasta que encontremos la caja fuerte.

Jocasta: Anda que si te la cargas.

Alfonsina: 'La culpa del asno echarla a la albarda', que fue idea tuya traerla grogui.

Jocasta: Te dije que un trago bastaba. Con tanta medicación, un chupito sería suficiente para que viniera desorientada y que no sospechase de que, de repente, me había salido una hermana siamesa que ella no había visto en los nueve años que llevo cuidándola.

Perpetua: Alba Perpetua Cea Bogacía, pero pueden llamarme Perpetua.

Restituta: ¡¡Como la condena!? Creo que ahora la denominan «prisión permanente revisable». ¿Podemos llamarla a usted 'señora Permanente Revisable'?

Jocasta: Restituta, por qué no deja que Alba Cea la albacea continúe con la apertura del testamento, firmamos y volvemos a casa.

Perpetua: *(Niega con el dedo y lee).* «...solo aquellos parientes que se hallaren en este lugar ese sábado —es decir, hoy— *(subrayando cada palabra)*, una vez abierto el testamento el domingo al medio día —es decir, mañana—, podrán llevarse a partes iguales los más de cuatrocientos cuarenta y un millones de talentos...».

Restituta: ¡Me cago en todos los salmonetes! ¿Hay que quedarse aquí hasta mañana? Pues yo apenas he traído ropa para unas horas, Jocasta. Solo cinco maletas y cuatro baúles. ¡Culpa tuya, merluza! Vete a casa y tráeme un par de baúles más.

Azucena baje y, al contemplar el panorama, haga acto de presencia con exagerado agrado de afrancesada anfitriona chauvinista.

Azucena: Oh, *c'es imposible, mon amour!* Im-po-si-ble: me ha dicho Virtudes que se prevé tormenta.

Un estremecedor trueno estalle acompañado de un relámpago. El sonido de lluvia no se haga esperar, manteniéndose de fondo.

Restituta: ¡Toma calamares, qué precisión meteorológica!

Azucena: Déjenme que me presente: Azucena Fría Quemadas, *un plaisir* ¿Cuál de ustedes es mi lejana pariente? ¿Cuál de las *trois*...? *(Al ver a las 'siamesas' unidas por el brazo se corrige)* ¿Cuál de las *deux*... bueno, de las dos y media es mi pariente Restauruda?

Perpetua: *(A Azucena)* La simpática. Un encanto de mujer.

Pausa.

Azucena mire a las tres, bueno a las dos... bueno a las dos y media. Azucena mire al semi-trío confusa. Por fin, la mano doble de la manga compartida que visten Alfonsina y Jocasta señale disimuladamente a Restituta, la cual no deje de comerse con la vista el cuadro del faro. En el dedo anular de Alfonsina veamos el anillo que antes llevara Perpetua.

Azucena: *Enchantée, mon ami* Rastairida. Encantada de que estén aquí. *Bienvenue* a las tres, a las dos... a las... ¡Bienvenidas todas! *(Aparte, a Perpetua)* Toma, Perpetua. Esparce este raticida, solo nos falta que las ratas le peguen un bocado a la ruedines en los pies y no se entere. *(Al trío o dúo y medio)* Las alojaré aquí abajo. El hotel es antiguo y no hay ni rampa ni ascensor para la silla.

Restituta: ¡Y un percebe! Quiero la habitación de la azotea. Que cargue conmigo Jocasta, que para eso es mi médica y le ha salido una melliza.

Jocasta: Siamesa, Restituta, siamesa. Y no me ha salido *(ríe nerviosa)*. Siempre nos hemos encargado las dos de cuidarla. Pero como hace poco que le cambiamos la medicación, quizás tenga lagunas de memoria.

Restituta: ¡Y unas huevas de esturión! Vamos, que para que se me olvide una cosa así, más que una laguna debería tener el lago Ness entero y medio *Triquicaca*[7].

Azucena: La habitación de la antigua cúpula está ocupada por la inspectora Virtudes Pistada, pero puedo ofrecerles *une chambre*[8] aquí abajo, una habitación en esta misma planta.

Restituta: ¡Que no, chicharros, que no! *(Como suena)* Ni *chambres*, ni nada.

Alfonsina: Un poquito de chambre yo sí que tengo.

Jocasta: No se preocupe, Azucena. Alójenos usted en el ático.

Azucena: Está ocupado como les digo, pero *(señalándolo en el enorme cuadro de la pared)* las puedo meter en una de las dos que están justo debajo. *(le entrega una llave)* Compartirían terraza con la gran actriz Norma Gistral. Una terraza magnífica con acceso desde las habitaciones y desde el pasillo de la escalera general.

Alfonsina: ¿Debajo justo de la de la inspectora?

Azucena: *Oui*. Encontrarán una bandeja de fruta en el aparador de la entrada, he ordenado poner una en cada habitación. Y guarden cuidado con las puertas que están recién blanqueadas.

Restituta: Perfecto. Que me carguen a pulso estas dos centollas.

---

7 Correcto, sabio lector de teatro, el nombre del lago andino es Titicaca, solo que nuestra Restituta no lo sabe muy bien.

8 *Une chambre*. Una habitación

Azucena: Si necesitan una mano, quizás Perpetua pueda...

Restituta: De manos van sobradas. ¿No las ha visto? Cuatro manos para tres brazos. Medio pulpo de cuello para abajo.

Escena 6

Unas voces se hagan presentes al otro lado: una discusión, un griterío que arrase la escena con su interrupción. Entren Imelda y Norma (con careta que no se ha quitado desde que la conocimos).

Imelda: *(Desabrigándose, se quita la bufanda y los guantes)* Le repito que ha sido la corriente, doña Norma.

Norma: ¡Asesina! Que has intentado matarme.

Imelda: Que fue la corriente, el viento empujó la puerta que la empujó a usted.

Norma: Mi *Bótox* de cadera junto con la lipoinyección glútea han amortiguado el portazo, a suerte de que no me tirases por la barandilla de la terraza...

Imelda: *(La interrumpe)* ¡¡Un accidente!!

Norma: Te he visto empujar la puerta.

Imelda: Ha sido la corriente. Ha estallado la tormenta y...

Norma: Treinta y ocho con siete metros de caída libre al acantilado.

Jocasta: Desparrame no lipoenyectable asegurado, se lo digo yo que soy médica *(saca su petaca y da un trago)*.

Alfonsina: Deja de beber, que te necesito sobria, paisana. ¡Por favor, contente!

Jocasta: ¿¡Que me contente!? En eso ando, 'conténtendo-me'.

Norma: *(A la vez)* ¡Asesina! Que querías tirarme al acantilado. ¡¡Asesinaaa!!

Imelda: *(A la vez)* Un accidente. Un portazo fortuito.

Aparezca la inspectora, aún vestida de asturiana, pero con un gorro de ducha. Lleve un par de almohadones bajo el brazo y un plátano a modo de pistola.

Inspectora: ¿Asesina? ¿Quién es aquí la asesina?

Azucena: Inspectora, le presento al resto de las huéspedes.

Alfonsina: 'Éramos pocos, y parió la abuela'.

Norma: ¿Es usted inspectora? Fantástico. Quiero poner dos denuncias. Una a esta que me ha querido tirar desde el balcón del faro y otra porque me ha desaparecido una careta.

Virtudes: ¿Una careta?

Norma: Sí, vera, cuando me hizo la cirugía plástica el Dr. Escalpelo...

Imelda: ¡¡Camandulera!! ¿Otra vez a meterse con el pobre doctor? Por su culpa tuvo que irse de refugiado a pedir asilo en Francia, pasando por Turquía, eso sí. ¡¡Pajarraca!!

Virtudes: *(Apuntando a Imelda con el plátano)* Sin insultar.

Norma: No se preocupe, es la cacolalia. A mí, háganme caso a mí. Les decía que cuando me operé, quedamos en que me iba a dejar esta cara *(muestra una de las caretas)* y, sin embargo... *(Dramatiza un llanto)*.

Alfonsina y Jocasta: ¿Sí?

Norma: Sin embargo, el muy bellaco... *(Otro llanto)* Me ha dejado...

Azucena: *(A la vez)* Oui?

Alfonsina y Jocasta: *(A la vez)* ¿Sí?

Norma: Me ha dejado este otro rostro. *(Se quita la careta* *que lleva y observamos por primera vez su auténtica faz: exactamente la misma cara que en la nueva máscara [y que en todas]).*

Jocasta: ¡Oh, por Dios, que canalla!

Restituta: De eso me sonaba esta. La muy langostina le sacó una pasta al doctor Escalpelo. Con la indemnización montó un bodorrio con el juez Tolai por todo lo alto. Mi pescadería le sirvió el marisco para la ceremonia. No se privaron de nada. Hasta trece kilos y medio de haliotis corrugata que les envié. *(Cómo nadie parece saber qué es eso, explica)* Abulón, peneira... *(La miran sin tener ni idea)...* oreja del mar: el marisco más caro del mundo, ¡conchas!

Alfonsina: Y yo con el estómago vacío: 'quien hambre tiene, con marisco sueña'.

Restituta: Abulón, oreja de mar, carne de pez, seis ojos, lapa burra... ¿No lo conoce nadie o qué? A dos mil setecientos talentos que sube el kilo. Con tanta gente inculta sumada a que ya no dejan meter las facturas del marisco a sindicatos como cursos de formación, no me extraña que quiebren las pescaderías más humildes.

Norma: Usted, la del plátano, detenga a esta mujer por intento de homicidio.

Virtudes: ¿Qué plátano? *(Mira y se da cuenta de que lleva una banana por pistola. Pensando en voz alta)* ¿Si tengo aquí esto, habré dejado a Baloo en el cesto de fruta?

Azucena: ¿Baloo, el oso del *Libro de la selva*?

Virtudes: Efectivamente y sí. Mi pistola: Baloo.

Restituta: Ya estamos otra vez con los nombrecitos.

Virtudes: Como mi pistola tiene grabado un oso en sus cachas, decidí rebautizarla como Baloo.

Norma: ¡Deténgala!

Virtudes: Manual A, capítulo 1, epígrafe 7.1: «que no cunda el pánico entre los sospechosos».

Norma: O la arresta o llamo a sus superiores. Como hice con el caso del Dr. Escalpelo.

Imelda: ¿¡Qué sospechosos, caraescoba, bocapercha!? Uy, perdón.

Virtudes: Ustedes, todas ustedes son sospechosas. Aún no he visto el cadáver, pero según me ha informado Eugenia...

Azucena: Azucena.

Virtudes: ¡Vaya, juraría que me dijo Eugenia! Anoche se cometió un crimen en este faro: mataron a la cocinera.

Alfonsina: ¿Y es la única que había? Con el hambre que yo tengo.

Virtudes: Aquí, curiosamente aquí, se reúnen las herederas. Un encuentro para llevar a cabo, mañana domingo, la apertura de testamento en la cual, según me ha contado Eugenia...

Azucena: Azucena.

Virtudes: ...Azucena, todas las herederas presentes se repartirán a partes iguales los más de cuatrocientos cuarenta y un millones de talentos en bonos del Estado.

Alfonsina: ¿De qué Estado? Como sea de la antigua Híspalis, con lo bien que les va la cosa, tocamos a menos talentos que una subida de las pensiones.

Jocasta: Cero dieciocho por ciento: euro y medio. *(Ofreciendo de la botella, antes de beber)* ¿Un traguito?

Alfonsina: Talentos, nada de euros: recuerda que desde que se vino a pique el euro adoptamos la moneda de la antigua Grecia.

Virtudes: Por eso todas ustedes son sospechosas del asesinato de Florinda Vecrén, la cocinera. *(Al pasar junto a Alfonsina, esta le sustrae el plátano de la cintura)* Porque se había cambiado el nombre con Eugenia...

Azucena: Azucena.

Virtudes: ...y, quien quiera que fuera la asesina, se la quitó de en medio pensando que eliminaba a una heredera y tocaría a más dinero. ¿Dónde está el cuerpo de la cocinera?

Azucena: En el baño del cobertizo, donde la encontré.

Jocasta: Nosotras acabamos de llegar, no podemos ser sospechosas. *(Bebe)* ¡Bridemos por ello!

Virtudes: Veo que tenemos un par de listillas.

Restituta: Un par ahora, lo mismo mañana les ha crecido otra melliza a las dos sepias estas.

Virtudes: Usted, *(a Imelda)* tome mi libreta y vaya cogiendo notas de las declaraciones. ¿Cómo se llama?

Imelda: ¡¡Pajarraca!! ¡¡¡Lechuzona!!! Imelda, Imelda Yuyu.

Virtudes: Demasiados nombres para un solo apellido: Pajarraca Lechuzona Imelda Imelda Yuyu, apúntese.

Todas son sospechosas pues, seguramente, todas sean herederas pues, seguramente, todas sean del archipiélago de Legalia.

Azucena: ¿A qué se refiere?

Virtudes: ¿Cómo se llamaba su difunto tataratíoabuelo?

Azucena: Hermenegildo Quemadas.

Virtudes: Efectivamente y sí: Quemadas. Un apellido común en las islas desde que, hace siglos, el juez Neronvs Propanoskus sacara un decreto para prenderle fuego a todo cuanto se le antojara sin que nadie pudiera impedirlo hasta su muerte.

Norma: ¿Y de qué murió?

Virtudes: De ardor de estómago.

Jocasta: Pues sí que estaba quemado el hombre.

Virtudes: Me extraña que no conozca la historia.

Jocasta: Mire usted por dónde yo tampoco la conocía. ¿Un traguito?

Norma: No, gracias, hija, no bebo.

Jocasta: ¿Es usted abstemia?

Norma: No, manchega, de Ciudad Real más concretamente.

Virtudes: Por eso no la conoce. Centenares de ciudadanos del archipiélago adoptaron el apellido Quemadas en tercer o cuarto lugar en recuerdo y homenaje a las islas que destrozó el juez. «Desmemoria histórica» creo que lo llaman.

Alfonsina: ¿Está diciendo que todas las autóctonas del archipiélago que nos encontramos aquí podríamos ser herederas del poeta difunto?

Azucena:	Perpetua, *(le quita el raticida y le ordena)* vete al despacho de dirección y trae el árbol genealógico, *S'il vous plait.*

Perpetua salga.

Virtudes:	*(De golpe, con energía detectivesca)* ¡¡Señorita Yuyu!!
Imelda:	*(Asustándose, suelta una batería de insultos muy muy muy muy rápido)* ¡Caragrifo, bocapercha, cojituerta, cabezaváter! ¡Uy, perdón!
Virtudes:	Tome nota de todo. ¿Cómo se llama usted?
Azucena:	Azucena, Azucena Fría Quemadas.
Virtudes:	¿Quemadas? Lo que yo decía. Una heredera. *(A otra)* ¿Y usted?
Restituta:	Restituta Gobiamucho Quemadas.
Virtudes:	Vaya, vaya. ¿Ahora todas van a ser Quemadas?
Jocasta:	¿Cómo van a ser quemadas con lo que está lloviendo? Poco iban a arder. ¿Un traguito?
Alfonsina:	Tú sí que estarías ardiendo una semana con el alcohol que llevas dentro, paisana: 'donde entra el beber, sale el saber'.
Virtudes:	¿Usted?
Jocasta:	Jocasta Bernabé Bemucho, pero como hay confianza puede llamarme Jota-Be-Be. ¿Un traguito? *(JBB ofrece la botella y ve que está ya vacía)* Ups, se nos ha ido el *wifi...* sin cobertura.
Alfonsina:	Yo soy Alfonsina, Alfonsina Paña Loquepilla. Y como no cenemos pronto me da algo. *(Saca el plátano robado y come)* Lo de la cocinera esa es un fastidio, cierto, pero como decía mi cuñado Juanete,

que él sí que sabía de refranes: 'los duelos con pan son menos'.

Jocasta: 'Y las penas con pan son menas'.

Virtudes vea el plátano y se ponga a buscar, in-fructosa-mente el que ella guardó en su refaxo.

Virtudes: ¿Siamesas con diferentes apellidos? Muy sospechoso.

Jocasta: Es que, es que, es que... *(No se le ocurre nada y se pone a maullar en persa)* Guau, guau...

Restituta: *(Mirando al cielo)* ¿Tienen un gato persa en el faro?

Alfonsina: Bromeaba, paisana. Verá, me cambié los apellidos para sentirme un poco más autónoma de mi hermana, pero cuando vi lo que me cobraban por autónomo con respecto a lo que ganaba, me volví al apellido de Jocasta. Me llamo Alfonsina Bernabé Bemucho: *(imitando a Jocasta)* pero como hay confianza puede llamarme A-Be-Bé.

Jocasta: *(Sacando otra botella)* Eso, a 'bebé'... *(Da un trago)*

Perpetua: *(A Azucena)* El árbol, señora.

Entre Perpetua arrastrando un árbol de navidad.

Azucena: Pero ¿qué haces, Perpetua? El árbol genealógico, te he pedido el árbol genealógico, no el de Navidad. Un libro gordo en color *pompier rouge*

Perpetua: ¿De qué color?

Azucena: *Pompier rouge* ¡¡Rojo bombero, *carallo*!!

Perpetua: Comprendo: un libro gordo color rojo bombero *carallo. (Sale)*

Virtudes:	Oiga, Eugenia...
Azucena:	Azucena.
Virtudes:	...Azucena, permítame decirle que le noto un algo en la forma de hablar que no percibí antes.
Azucena:	*(Disimulando)* Señoras: será mejor que me vaya a preparar la cena. Ustedes esperen a que venga Perpetua. Restaututati y yo está claro que sí somos herederas, así que, à plus *tard*, nos vemos aquí para la cena.

Salga.

Restituta:	¡Bien dicho, cangreja! Que ya estoy hasta los me-jillones. Tú, Jocasta y esa almorrana de melliza que te ha salido, tirad para arriba conmigo.

Salgan.

Norma:	Inspectora Virtudes, puesto que soy una excelen-te ciudadana que tributa sus impuestos en Ando-rra para ahorrarle papeleo a nuestro país, le pido oficialmente que encierre a esta por intentar ase-sinarme. Me pegó un portazo para hacerme caer al acantilado.
Virtudes:	Pajarraca Lechuzona Imelda Imelda queda excul-pada de lo que la acusa.
Norma:	Así, ¿por qué usted lo diga?
Virtudes:	Efectivamente y sí. Manual C, capítulo 16.2: «Atar cabos uniendo antecedentes». Enséñeme las manos. *(Imelda lo hace)* Antecedentes: la dueña me dijo al hospedarme: «Guarde cuidado con las puertas, que acabo de mandar repintar las

de todo el faro y aún manchan de blanco». Las manos de Pajarraca Lechuzona Imelda Imelda no están manchadas de blanco. Ergo: si Pajarraca Lechuzona Imelda Imelda Yuyu hubiera dado un portazo, sus dedos estarían pringados de pintura y, como no lo están, es inocente.

Norma levante la cabeza en un gesto de indignación y salga de escena molesta.

Imelda: ¡¡Mamarracha!!

Virtudes: ¿Otro brote de cacolalia?

Imelda: No, este iba de regalo por llamarme asesina.

Entre Perpetua con un gran volumen encuadernado en color pompier rouge.

Virtudes: Muchas gracias. ¿Los nombres? *(Imelda le pasa la lista de nombres apuntados)* Y ahora a buscar... ¿Cómo se llama usted?

Perpetua: Alba Perpetua Cea Bogacía.

Imelda: Si no me necesitan, quiero grabar unos planos de la tormenta.

Se coloque Imelda su bufanda, ajuste su cámara de cabeza y se enfunde unos guantes negros. Al ponerse estos, dese cuenta de que están manchados de pintura blanca y se los quite rápidamente para que nadie los vea.

Salga.

Virtudes: Aquí están: los Bernabé Bemucho y los Cea Bogacía. Todas. Incluso los Vecrén, el apellido de la cocinera. Hasta ella hubiera optado legalmente a la herencia. Todas ustedes también son herederas. Todas descienden de distintas ramas genealógicas de los Quemadas, aunque Pajarraca Lechuzona Imelda Imelda Yuyu no nos ha dicho su segundo apellido, pero aquí pone que los Yuyu también son familia Quemada por trigésima sexta generación.

Se escuche un grito atroz seguido de un golpe metálico. Virtudes levante la vista y dig asombrada.

Virtudes: ¿Has oído eso, Perpetua? *(Sale corriendo)* Creo que me he dejado la ducha abierta.

Reaparezca Azucena desde la cocina, venga con delantal y embadurnada de harina.

Perpetua: ¿Otro timbre de los de la señora?

Imelda: *(Entra corriendo de la calle)* Restituta, es Restituta. Está ahí fuera colgando del picaporte de la puerta de la terraza. Tiene medio cuerpo precipitándose al vacío.

Salgan las tres a toda prisa.

Escena 7

Exterior del Faro. Miren entre batidores como si, a treinta y ocho con siete metros de altura, estuviese, ciertamente, Restituta colgando en el vacío fuera de la vista del espectador.

Azucena: *Mère de Dieu!* que Restriturda se va a caer. Perpetua haz algo...

Perpetua se adelante con los brazos estirados en tentativa de atraparla.

Perpetua: Que se deje caer. Yo la recojo al vuelo.

Imelda: Querrás decir que la coges al vuelo, si la recoges es que ya se ha desparramado. El verbo correcto es coger. Lo bueno es coger.

Perpetua: Eso diría un argentino. *(Hacia arriba)* Déjese caer.

Azucena: ¡¡Súelteseeee, Restantilda!!

Imelda: Un poco más a la izquierda, Perpetua.

Azucena: *Allez, allez!* Que Perpetua la atrapará.

Restituta: *(En off)* ¡Y una nécora pocha! ¡¡Jocastaaa!!

Imelda: Allí, en la cristalera. Alguien va corriendo hacia la puerta de la que está sujeta, la de la escalera general.

Azucena: ¡Agárrese bien al picaporte que alguien está a punto de llegar!

Se escuche un tremendo portazo en las alturas.

Restituta: ¡¡Me cago en todas las pescadillaaaaaas!!

El grito de Restituta se pierda de fondo según va cayendo los treinta y ocho con siete metros fuera de la vista del espectador.

Perpetua: *(Desapareciendo entre bastidores)* ¡Mía, mía, mía! ¡La tengo como que me llamo Alba Perpetua Cea Bogacía! *(Pausa)* Ouch... pues no.

Un golpe tremendo. Azucena e Imelda den un paso, asomándose con cautela.

Azucena: Buen trabajo, Perpetua, *très bien, très bien!* justo debajo de 'Ristaituda' *(Aplaude feliz y ridículamente hasta que Imelda la detiene con gesto de negación)* ¿Perpetua? *(Pausa)* ¿'Risteduda'? *(Mirando al lado opuesto)* ¿Otra mitad de Perpetua? ¿Qué algún trozo diga algo?

Imelda: Al final creo que Perpetua tenía razón con el verbo: las vamos a tener que recoger.

Entre el oscuro al ritmo de la música: una saloma isleña cadenciosa que nos acompañe al cambio de acto.

ACTO DOS

Escena 1

Elipsis temporal de unas horas.

Salón principal. Se vea una mesa con los personajes alrededor, salvo Norma y las muertas. Virtudes lleve un buen trozo de papel higiénico enrollado en su muñeca a modo de reloj de pulsera.

Azucena entre y salga, trayendo y sirviendo platos con poca o ninguna tristeza, rellenando las copas...

Azucena: ¿*Vous voulez* más vino, querida Jocasta? Según nos ha dicho Virtudes, ahora sabemos que también somos parientes.

Jocasta: Mire, sólo por eso, déjeme aquí un par de botellitas y tráigame algo de vodca para pasar el trago, hermosa.

Alfonsina: Y, por curiosidad, ¿cómo falleció nuestro tatarabisaprimo Hermenegildo Quemadas?

Azucena: Una noche se fueron a cenar a un restaurante conquense, el poeta que era un poco torpe se atragantó con un zarajo y *mort!* ¡Muerto! Enseguida les sirvo la cena.

Alfonsina: ¿Y qué dice que nos ha preparado?

Azucena: Un plato típico francés de alta cocina muy difícil de hornear: *hachis parmentier*... Pastel del pastor.

Entre Norma con traje de noche.

Norma: Buenas noches. *(Se pasea y pavonea)* Buenas noches... Sé que llego un poco tarde, pero se me había parado el *Rólex Diamond* y... *(Al fijarse en Imelda le da la cartera que usó cuando hacía de*

	Vera) Contigo prefiero no hablar, dirígete a Vera Claythorn. *(Al resto de comensales)* ¿Algo interesante mientras me daba mi baño de espumas búlgaras con leche corporal caucásica y sales tibetanas 'revitonificantes'?
Jocasta:	Madre mía, le falta una esponja del chino y tiene a media ONU en la bañera. ¿Brindo por ese baño?
Alfonsina:	Poca cosa: alguien ha tirado por la terraza a Restituta y ésta ha matado a Perpetua en la caída. ¡Zasca! Partiéndola en dos.
Jocasta:	Creo que me está empezando a afectar el alcohol a la vista. Extraño, porque es algo que sólo me pasó cuando se me metió el corcho del champán[9] en un ojo. Si no veo mal, a ese faro le faltan un par de rayas.
Imelda:	¿Cómo dice?
Jocasta:	Cuando Virtudes nos enseñó dónde quedaba nuestro cuarto, ese cuadro tenía ocho franjas blancas. Ahora solo tiene seis.
Azucena:	*(Volviendo de la cocina)* De hecho tiene diez. *(Mira el cuadro extraña)* Debería tener diez. Es un óleo que mandó pintar nuestro tataratíoabuelo Hermenegildo Quemadas antes de morir: un faro con diez franjas blancas sobre fondo rojo. *(Contándolas)* Quatre, cinq et six. Oui, ahora solo hay seis blancas. Alguien ha hecho desaparecer esas rayas.

---

9 Aunque nos suene raro (salvo a Jocasta que se lo conoce de todas las formas, nombres y maneras), el vocablo para *champagne* en español, según la RAE, es champán. *Champagne* no viene en el diccionario. Para el suspicaz lector que ahora está pensando si escribí vodka o vodca, decirle que sendos términos están aceptados, al igual que whisky y güisqui... *c'est la vie*: ingleses y rusos sí, pero franceses no.

Alfonsina: ¿Seguro que no está por aquí Maradona?

Marche Azucena a la cocina encogiéndose de hombros.

Virtudes: No ha contestado a la pregunta, doña Norma.

Norma: Pero si no me ha hecho ninguna.

Virtudes: Buena respuesta. Siguiente pregunta.

Norma: Creía que era usted la que me estaba preguntando.

Virtudes: Efectivamente y sí. ¿Dónde estaba mientras asesinaban a Restituta?

Norma: En el abrazo cálido del arrobamiento, en el regazo de la relajación: bajo las templadas aguas búlgaras caucásicas tibetanas de mi bañera.

Virtudes: ¿Y no oyó usted nada?

Norma: Sí, sí que oí algo.

Virtudes: Continúe, no se disperse.

Jocasta: Está que se va a dispersar, si tiene más recosidos que una blusa del *Desigual*.

Norma: Oí el *Nessun Dorma*, el *Nadie duerma* de Puccini interpretado por Pavarotti. Siempre me baño con Pavarotti.

Jocasta: ¿Y caben los dos en la bañera?

Alfonsina: *(Aparte. A Jocasta)* ¿A ti qué te pasa, paisana? 'Todo se pega menos la hermosura'. Deja ya de criticar.

Jocasta: *(Entre ellas)* Estás celosa porque también soy heredera.

Alfonsina: Yo tuve que dar tu apellido para que no nos descubrieran. En cuanto podamos, cogemos el libro del árbol genealógico y comprobamos el mío. Cría cuervos...

Norma: Espere. *(Se pone dramática)* Ahora que lo dice, sí que oí algo sospechoso: justo antes de meterme en la bañera, oí cómo alguien subía a toda velocidad las escaleras.

Alfonsina: *(Guardándose parte de la cubertería en los bolsillos)* ¡Oh, por Dios! ¡La asesina! ¡Seguro que fue la asesina! ¡Qué canalla!

Virtudes: Error. Manual C, capítulo 11.4.3: «Sacar conclusiones precipitadas es tan negativo como no sacar conclusiones a tiempo». Una vez comprobados sus apellidos, recordé de golpe que me había dejado la ducha abierta y subí corriendo como espoleada por una necesidad diarreica. Eso ocurrió justo cuando asesinaron a Restituta. Lástima que por ir tan rauda no me cruzase con la asesina. Tendría que haberme fijado más.

Azucena: *(Entrando con una fuente de comida maravillosamente decorada. Un adorno, hecho con papel de aluminio en forma de cisne, rodea el pastel)* El *hachis parmentier* está listo. Bonito *Rólex Diamond*, Alfonsina.

Virtudes: Nada de cenar todavía. ¿Cómo sabemos que no hay nadie más en la isla? Si estamos solas significaría que la asesina es una de nosotras. Propongo que nos separemos y registremos todos los rincones.

Alfonsina: ¿Por qué no lo hacemos después de cenar? Ya sabe que 'a barriga llena, corazón contento'.

Virtudes: Y ya sabe usted que 'de grandes cenas está la sepultura llena'.

Alfonsina: *Touche.*

Virtudes: Azucena irá con Imelda al muelle norte. Las siamesas Alfonsina y Jocasta vendrán conmigo al muelle oeste y al cobertizo. Aún no he tenido tiempo de examinar el cadáver de la cocinera y me vendrá bien la opinión de una doctora. Norma registrará todas las estancias del faro.

Jocasta: Perfecto. ¡¡Salud!! *(Bebe).*

Virtudes: Manos a la obra. *(Saca unas cuantas linternas)* Tengan. Manual D. Capítulo 85. Epígrafe 4.1: «Viajar siempre con el kit de supervivencia e investigación: Linternas, cuerdas, pastillas de cafeína, raticida, cinta adhesiva, pollo de goma...» *(Muestra un pollo de goma.)*

Norma: ¿Pollo de goma?

Virtudes: Nunca sabes cuándo lo vas a necesitar. Este pollo me ha sacado de muchos apuros. Es un héroe. Capaz de llevarse un balazo por mí cuando la cosa se tuerce.

Norma: Me lo pido.

Virtudes: En veintisiete minutos reunámonos aquí.

Jocasta: Si alguna no puede en ese tiempo porque la hayan asesinado, que avise de que llegará más tarde.

Virtudes: Sincronicemos los relojes. *(Se mira el rollo de papel higiénico que tiene liado en la muñeca)* Mira, mira, mira... Si tengo aquí esto *(Se da cuenta)*. Vayan, ahora las cojo. Creo que he tirado mi reloj por la taza del váter.

Norma: Pues yo tampoco encuentro el mío. Juraría que bajé con el Rólex puesto.

Alfonsina: *(Aparte a Jocasta)* Vamos, paisana. Mientras la inspectora recupera su reloj del váter podemos hacernos con el libro de la genealogía y ver si yo también soy heredera.

Todas comiencen el mutis cuando Jocasta las detenga exclamando:

Jocasta: Esperen *(Coge el adorno de papel de aluminio en forma de cisne que traía la fuente del* hachis parmentier *y se lo coloca en la cabeza)* Así, a lo Margaretha Geertruida Zelle, no vaya a ser que me asesinéis y no haya cumplido mi sueño de ponerme un tocado en forma de cisne a lo Mata-Hari.

Entre la música del Nessun Dorma y... Oscuro.

Escena 2

Azucena: Aquí estamos. Muelle norte. Nada, ni un alma por el camino. *(Al ver que Imelda enciende el frontal)* ¿Está grabando ahora?

Imelda: Sí, y de paso iluminamos el embarcadero.

Azucena: *Oh, mon Dieu!* ¿Y *El Colmena*? Nuestro bote de remos. No está.

Imelda: ¿Alguna otra embarcación?

Azucena: No, no tenemos ninguna otra, esto es un desastre mayor que lo que le hizo a su actriz el cirujano ese, el Dr. Bisturí.

Imelda: ¡¡Escalpelo, lameorejas!! ¡¡Doctor Escalpelo, chepizamba, carachirimolla!! Uy, perdón.

Azucena: No se ofenda, pero creo que lo de su 'kikolalia' es una estratagema para insultar a la gente cuando le viene en gana.

Imelda: Pues yo creo que usted tiene menos de francesa que las tortillas de patata con cebolla.

Azucena: *C'est scandaleux*, indignante, esto es indignante.

Imelda: Es su forma de hablar. Yo tengo un tío exiliado en La Sorbonne desde hace un año y medio y nunca escuché un francés como el suyo.

Azucena: Normal, si lleva solo un año y medio aún no habrá alcanzado del todo el acento chauvinista.

Imelda: Mi tío no, usted. Cuando usted profiere expresiones en francés suenan falsas.

Azucena: Me ha pillado. Lo admito. Realmente soy belga. *Je suis belge*, como el gran *Hercules Poirot*. Y, al igual que la creación de Agatha Christie, todos creen que soy francesa en lugar de ser de Bélgica.

Imelda: *(Pensando)* ¿...Al igual que la creación de Agatha Christie?

Azucena: *Attends!* Ahora recuerdo dónde está la barca.

Imelda: Eso es. ¿Cuántas rayitas blancas dijo que tenía el cuadro de su tataratioabuelo?

Azucena: *(Cada una hablando de lo suyo)* El Colmena, el bote de remos que Perpetua me dijo, lo amarraban donde dobla el embarcadero porque les daba vergüenza de lo viejo que es. Viejo o no, si afloja la tormenta será suficiente para llegar a la capital. Vayamos a ver si sigue en su sitio.

Imelda: ¿*El Colmena?*

Azucena: *Oui*, de madera. La albacea me dijo que los remos eran de madera antiquísima, hinchada por la humedad, como dos abejorros, así que el nombre le venía al pelo.

Imelda: Diez, ¿no?

Azucena: No, un solo bote: *El Colmena* y sus dos abejorros. ¿Pero qué le pasa? Reaccione, *mon ami.*

Imelda: El cuadro. Me refiero al cuadro: Diez franjas. ¿Diez rayitas blancas?

Azucena: *(Cada vez más desesperada)* Oui, oui, oui... Si quiere cuando esto acabe se lo regalo, pero ahora vayamos a por el bote. Puede ser nuestra última esperanza si la cosa se pone fea. Y más ahora, que deja de llover.

Imelda: Vaya usted. *(Para sí misma)* ¿Igual que la creación de Agatha Christie? Ahora cuadra todo. Tengo que ir a buscar a doña Norma.

Imelda salga corriendo. Azucena, a solas, se relaje y diga con acento ga-
llego.

Azucena: *Mai qué carallo*, que la Imeldiña casi me pilla.
Tanta cacolalia, tanta cacolalia y *diose* cuenta de
que el mío acentiño gabacho *voylo* improvisando
sobre la marcha. *(A sí misma)* Se fuerte, Azucena.
Vamos a ver si está *El Colmena* que, con tanta asesina suelta..., *malo será...*

Escena 3

Encontremos a las falsas siamesas ojeando el libro genealógico en el despacho.

Alfonsina: Pues no. No estoy. *(Cierra el tomo)* ¡Ay que fastidiarse! Tanto Quemadas, tanto Quemadas y resulta que mis ancestros debían de ser ignífugos.

Jocasta: No te desanimes. Un buchito y verás cómo se suaviza el disgusto.

Alfonsina: Tenemos que seguir con el plan original.

Jocasta: ¿Cepillarnos a la heredera, a Restituta, y quedarnos con su dinero? No. Creo que alguien se nos ha adelantado.

Alfonsina: En lo de cepillárnosla sí. Pero como 'no hay mal que por bien no venga', ahora tú puedes reclamar el dinero de manera legítima. *(Re-animada)* ¡Seguimos teniendo heredera!

Jocasta: Perfecto, continuemos con el plan original y cepillémonos a la heredera. *(Cayendo en la cuenta. Se abre el chaquetón y se separa)* Vamos, que cuando yo cobre, te me cargas y te quedas los bonos del Estado.

Alfonsina: No me refería a eso.

Jocasta: ¿Y a qué te referías?

Alfonsina: `A buen entendedor con pocas palabras basta, paisana´.

Jocasta: Te he entendido perfectamente.

Norma: *(En off. Aproximándose)* ¡¿Quién anda ahí!?

Alfonsina: Es Norma. Apaga la luz.

Jocasta lo haga. Quede la estancia en penumbra. Aparezca Norma Gistral tratando de vislumbrar algo con su linterna. Entre tanto, corran Jocasta y Alfonsina para reconvertirse en siamesas.

Norma: He dicho que quién anda ahí.

Jocasta: Guauuu, guau...

Alfonsina: *(A sotto voce)* Y dale. Para ya con lo del perro, idiota.

Jocasta: Y dale tú. Que no es un perro idiota, que es un gato persa.

Norma por fin llegue al interruptor y la luz se haga en la estancia. Veamos cómo la diva se abraza al pollo de goma a causa del miedo. Otee y, al fijarse, encuentre a las siamesas algo cambiadas: Jocasta se equivocó en la oscuridad y se colocó el chaquetón del revés. Es decir, ahora una mira hacia delante y la otra mira hacia atrás, ni mano compartida, ni nada...

Norma: Ah, son ustedes. Por un momento creí haber oído maullar a un gato persa.

Alfonsina: Ya nos íbamos, hemos quedado con la inspectora Virtudes.

Norma: No pretendo alarmarlas, pero les noto algo distinto. No sé. ¿Una arruga nueva o una pata de gallo de más?

Jocasta: *(Girando precariamente para ser ella la que responda 'de frente'. Habla muy rápido)* «Giramiento dirigido tardío». Ese, ese es el nombre técnico. A veces ocurre. Créame, soy médica y no estudié en la Universidad Rey Juan Carlos de Madrid. Verá, el Ge-De-Te acontece en el momento en que algo se tuerce, retuerce y re-re-retuerce tanto que eres incapaz de identificar de qué se trata. En medicina se da mucho. Te dicen, por ejemplo, *(imitando a un enfermero)* —tranquilo, un pinchacito de nada, esto no le va a doler—. Aquí lo tenemos: giramiento dirigido tardío, porque te duele como la cuchillada de un examante carnicero, al contrario de como lo habías entendido: giramiento dirigido tardío: Ge-De-Te.

Norma: Ah, ahora comprendo muchas cosas. *(Igual de rápido o más)* Creo que en política también se usa bastante: votas al que creías que iba a hacer lo que prometió durante la campaña, pero resulta que debiste de entender justo lo contrario, porque en el momento en que gana hace lo opuesto. Sí, sí, sí. Tiene sentido, porque cuando reclamas para que cumplan sus promesas electorales siempre te responden esas siglas: «Gédete». *(Imitando a un político)* —Que no te gusta lo que hacemos... pues GDT...—

Alfonsina: *(Gritando desde atrás)* Lo que ellos te dicen no es con Ge-: «Gédete», sino que es con Jo-: «Jód»...

Jocasta: *(La interrumpe, dándole un codazo para que calle)* Si nos disculpa, doña Norma. Tenemos que reunirnos con Virtudes.

Salgan como puedan, una hacia delante y la otra hacia atrás, discutiendo entre ellas.

Alfonsina: *(Haciendo burla)* Ge-De-Te, Ge-De-Te... Desde luego: 'a lenguas vivas, lenguas mentiras'.

Escena 4

Exterior. Aparezca Virtudes. Lleve puesta la gabardina con la que la vimos aparecer por primera vez. Bajo el brazo, un par de taburetes plegables. Cruce Imelda a todo correr y se choque con ella.

Virtudes: ¿Quién es usted? identifíquese de inmediato o me veré obligada a abrir fuego. *(La apunta con una alcachofa de ducha)*

Imelda: Soy yo, Imelda, y eso con lo que me apunta es una alcachofa de ducha.

Virtudes: Parece que ese cuarto de baño y yo no nos vamos a llevar bien nunca. Espero que a nadie le dé por girar la llave del agua caliente, porque si tengo aquí esto, mi pistola Baloo estará en...

Imelda: Me he perdido. ¿Cómo se vuelve al faro, inspectora?

Virtudes: Pistada, Inspectora Virtudes Pistada Quenoveas. *(Le tiende el taburete plegable)* Mi tarjeta, aunque juraría que ya nos habíamos presentado.

Imelda: Por favor, ¿el faro? Tengo que comentarle algo a doña Norma urgentemente.

Virtudes: Pues se lo ha pasado de largo. Esto es el muelle oeste. ¿Ve ese cable? Sale del cobertizo del generador y alimenta las luces de toda la isla. Si lo sigue hacia allí, llegará al faro. En sentido contrario le llevará al muelle norte que es donde debería estar usted con Eugenia.

Imelda: Azucena.

Virtudes: ¿Azucena? *(Mira el taburete que Imelda tiene en la mano)* Ah, ¿su tarjeta? Encantada, aquí tiene la mía. *(Le entrega el otro taburete)* Aunque pensé que se llamaba Pajarraca Lechuzona Imelda Imelda.

Imelda: Imelda, sí, me llamo Imelda Yuyu. Y ahora, si me disculpa.

Virtudes: Quieta ahí. Creo que usted oculta muchas cosas: primero me dice que es Pajarraca Lechuzona Imelda Imelda, luego que es Azucena, más tarde otra vez Imelda, y ahora Simedisculpa ¿Qué tipo de nombre es Simedisculpa? Además, en su tarjeta pone Ikea Taburete Kronhöll.

Imelda: *(Comienza a salir siguiendo el cable)* Lo siento, inspectora, tengo que hablar con Norma urgentemente. Es por el cuadro, Agatha Christie y las diez rayas blanquitas.

Virtudes: ¿Diez blanquitas? Su incoherencia cada vez resulta más sospechosa, Imelda Yuyu, lo que me recuerda que no me llegó usted a decir nunca su segundo apellido.

Imelda: *(Casi ya en off)* ¡De eso se trata! Después, inspectora, después...

Virtudes: *(Guardándose la alcachofa pistola y recolocándose los taburetes bajo el brazo)* Nota mental: mandar hacer tarjetas de visita que quepan en los bolsillos.

Lleguen, aun discutiendo por el GDT, las falsas siamesas que, al percibir a la inspectora se apresuren a recomponer su personaje.

Alfonsina: Jocasta, la inspectora... Rápido ponte el chaquetón.

Con las prisas por ponerse el chaquetón, se equivoquen de sitio y se ponga la que estaba a la izquierda en la derecha y la de la derecha en la izquierda.

Virtudes: Ah, ya era hora de que llegasen ustedes dos... usted... ustedes... ustedes una y media. ¿No están al revés?

Alfonsina: Será que antes nos ha visto más tiempo de espaldas.

Virtudes: Será. Vayamos al cobertizo del generador para examinar a la cocinera. Quizás allí encontremos pistas de quién es la asesina. Sigamos ese cable.

Pase la inspectora delante y, a su espalda, Jocasta y Alfonsina se quiten el chaquetón para, velozmente, colocarse cada una en la posición habitual y correcta. Salgan las tres.

Escena 5

En el interior del faro.

Imelda: *(Entra corriendo con el libro rojo bombero en la mano)* Doña Norma, la he buscado por todas partes, ¿qué hace aquí arriba?

Norma: *(Abrazada al pollo de goma y a una baldosa de suelo que parece haber sido arrancada de algún sitio)* ¡Por todos los *liftings* faciales y las inyecciones de colágeno! *(Muy dramática)* ¡¡Socorro!! ¡Que me asesinan!

Imelda: Déjese de dramas. Sé lo que está pasando en esta Isla. He examinado el libro de la genealogía de los Quemadas y... ¿y esa baldosa?

Norma: Estaba registrando el faro como se me encargó. Al entrar aquí, en la habitación de la inspectora Virtudes y mirar debajo de la cama, he hallado algo sospechoso. Una baldosa mal encajada. La he levantado y he descubierto una especie de artefacto explosivo bajo la cama de la inspectora, anclado al suelo. Cables, unos hierros cruzados, tornillos...

Imelda: Eso no me cuadra. Mis sospechas recaían precisamente sobre ella. Nadie le preguntó su nombre porque era inspectora, como en *La Ratonera* de Agatha Christie. He mirado el árbol genealógico y los Pistada Quenoveas también son herederos por quinto apellido.

Norma: ¿Has perdido el poco juicio que tenías? ¡¡Asesina!!

Imelda: Escuche. *(Callando a Norma)* Es tal y como en nuestra película: como en la historia que creó en su día Agatha Christie.

Norma: *¿Diez negritos?*

Imelda: Correcto. Aunque la palabra negro, negrito, se ha ido sustituyendo con el paso del tiempo por ser políticamente incorrecta. El título se ha traducido de varias maneras: *Diez negritos*, *Diez soldaditos*, *Diez pequeños indios* o, como el último verso de la canción en la que se basan los asesinatos: *Y no quedó ninguno.*

Norma: No lo entiendo. En esa obra, diez personas son reunidas en una isla por un misterioso señor que nadie conoce. Aisladas, descubren que todos son mala gente y van muriendo de manera similar a cómo morían los negritos de la canción infantil.

Imelda: ¿Qué pasa en *Diez negritos* cada vez que un personaje muere?

Norma: Que una de las estatuillas, una de las figuras de los indios, desaparece.

Imelda: *(Eufórica)* Eso es. Aquí sucede lo mismo, pero al revés.

Norma: ¿Aparecen estatuillas?

Imelda: Sustituya las estatuillas por un cuadro de un faro con diez rayitas blancas: ¿no lo ve? «Diez blanquitas». Un desconocido que reúne a un grupo de personas. Todas son mala gente y van muriendo una a una según desaparecen las diez blanquitas.

Norma: Que yo no soy mala gente. Aquí no nos ha reunido nadie. Tú y yo vinimos por el rodaje de la película.

Imelda: De ahí que solo confíe en usted. Todas las demás fueron atraídas con la espectacular herencia. Incluso la albacea resultó ser heredera.

Norma: Todas sois herederas, tú también, por trigésimo sexta generación de los Yuyu. Todas menos yo, que soy manchega. De Alcázar de San Juan para más señas y a mucha honra.

Imelda: Sí y no.

Norma: Claro que sí. Sabré yo dónde he nacido.

Imelda: Doña Norma, no se disperse. Tengo que confesarle algo... *(Pausa. Piensa. Se torna oscura —y no porque se salga del foco—)* Yo no soy...

Norma: *(Abrazada al pollo)* Me estás asustando, Imelda.

Imelda: Ahora sé que si queremos salir vivas de la isla solo puedo confiar en usted. Únicamente nos tenemos la una a la otra.

Norma: ¿Cómo Vera y Lombard en *Diez negritos?*

Imelda: Exacto

Norma: Me pido ser Vera.

Imelda: Perfecto. Escuche. Yo no soy heredera. Mentí en mi apellido, como hizo Lombard en la obra. No le gustará descubrir por qué lo hice cuando se lo cuente. *(Pausa)* En realidad... yo soy... yo me llamo...

Norma: *(Interrumpiéndola de golpe)* Disculpa. Tengo que ir un momentito al excusado. Pis. Ya sabes, boba. La reducción de abdomen que me afloja la vejiga. Tú no pierdas ese *gestus* brechtiano tan a lo Chejov, que enseguida vuelvo. Toma, sujeta la baldosa. Yo me encargo del pollo que me recuerda al primer juicio que viví con mi marido.

Se levante y salga con el pollo de goma abrazado.

Escena 6

Cobertizo del generador. Un motor ronronee de fondo junto a una garrafa con gasolina. En el suelo, alguna caja de herramientas oxidadas, trapos y un farolillo eléctrico.

Virtudes: Pues ya estamos aquí: cobertizo del generador.

Jocasta: Buen lugar para un traguito, se ha dicho. *(Coge la garrafa del suelo).*

Virtudes: Espere, eso es gasolina para el generador. Ni un trago hasta que estemos seguros de que no la vamos a necesitar. Y ahora, doctora JBB, pase al baño a inspeccionar el cadáver de Florinda Vecrén, la cocinera, la primera víctima de nuestra asesina... asesino o asesini... nunca se puede estar seguro de no ofender a ningún *milenial*[10]. Vaya usted... ustedes... usted y tres cuartos.

Alfonsina: Si esta piensa que voy a tocar un cadáver con las manos desnudas va lista. *(Poniéndose unos guantes negros manchados con pintura blanca como los que vimos a Imelda en el cierre del primer acto. En alto)* Seguro que eso está lleno de ratas.

Salgan las no-siamesas al baño y llegue en ese momento Azucena.

Virtudes: Descuide. Le di a Azucena mis píldoras de raticida patentadas, no creo que quede un solo roedor vivo en esta Isla.

---

10 *Milénico* y *milenial* son alternativas en español al anglicismo *millennial*, término con el que se hace referencia a las personas pertenecientes a la llamada *generación Y*, nacidas aproximadamente en las dos últimas décadas del siglo veinte.

Azucena: Inspectora, inspectora, creo que todavía estamos a tiempo de salir de la isla. He encontrado el bote de madera. Ahora que ha cesado la lluvia, tal vez podamos ir a la capital.

Virtudes: No sin antes resolver este misterio. ¿Por qué nadie me había informado de la existencia de ese bote?

Jocasta: *(Entrando de nuevo)* Ya está.

Virtudes: ¿Cómo está?

Jocasta: Muerta. Asesinada.

Virtudes: ¿Arma homicida?

Jocasta: Pues parece que varias. El asesino se quería asegurar. Le vaciaron un frasco de veneno, la arrastraron hasta aquí, la apuñalaron con un cuchillo de carnicero y para más inri, la han hecho estallar con una bomba. Hay restos de cables, hierros cruzados y tornillos.

Virtudes: Muy interesante. Tres formas de cometer un mismo crimen. Eso podría ser una firma del criminal, su rostro, su huella.

Jocasta: Mujer, para rostro este que estaba en el baño junto al cuerpo. *(Saca una careta de Norma Gistral)* Está chamuscado por la explosión, pero aquí detrás pone juez Wargrave.

Virtudes: Traiga aquí, la guardaré en un sobre de palomitas para microondas.

Alfonsina: Eso es un sobre de evidencias policiales.

Virtudes: Vaya, pensé que los había cambiado sin querer por sobres de palomitas. Siempre llevo palomitas para los momentos de guardia.

Azucena:	La asesina es doña Norma. *Criminel!* Seguro que se le calló su careta cuando cometía el crimen.
Jocasta:	Ella dijo que se la habían robado.
Azucena:	Para tener una coartada. Lo diría al darse cuenta de que la había perdido durante el asesinato.
Alfonsina:	También había dos ratas merodeando. Nos ha costado matarlas un potosí, parecían más espabiladas que un abuelo cazando caramelos en la cabalgata de reyes. ¿Metemos en el saco de sospechosos también al exterminador que ha perdido dos roedores?
Virtudes:	Imposible. Mi raticida patentado en píldoras es infalible.
Alfonsina:	Pues estas estaban atacaditas de los nervios.
Virtudes:	Un momento. ¿Muestre esos guantes?
Alfonsina:	¿Qué guantes? *(Mintiendo)* ¿Estos? Son míos... son... son... son de Guantá-mano de unas vacaciones que...
Virtudes:	Están manchados de blanco. Lo que la incrimina en el intento de asesinato de Norma y en el asesinato de Restituta. Entréguemelos. Los guardaré como prueba. Queda usted detenida, ustedes... usted... usted y media.
Jocasta:	Ya está bien, Alfonsina. Dile la verdad a la inspectora. *(A Virtudes)* Verá, aquí mi hermana es un poco cleptómana, ¿sabe? Se le pega todo lo ajeno.
Azucena:	Igualito que a mi primo Xurxo, se le pegaba todo. Cada vez que tocaba la gaita se le pegaba una calentura en el labio, cada vez que prestaba las gafas, un orzuelo.

Alfonsina: Yo... se los robé a la cineasta. Se los quité a Imelda Yuyu, pero fue porque tenía mucho frío en los deditos.

Virtudes: Imelda Yuyu... Norma Gistral... Yuyu, Gistral, Gistral, Yuyu... ¿cuál de las dos es la asesina?

Escena 7

Volvamos a la habitación de la inspectora, donde estén aún Imelda y Norma. Suene una cisterna.

Norma: *(En off)* Ya salgo. Me lavo las manos y estoy contigo. Abro la llave del agua caliente de la ducha para evitar arrugas en las cutículas y...

Se interrumpa su comentario por el sonido de un disparo. Por la puerta del baño aparezca Norma con los pelos de punta, cara ennegrecida y sujetando entre sus manos el pollo de goma... muñeco al que le han volado la cabeza.

Imelda: ¿Qué ha pasado?

Norma: Creo que la inspectora confundió la alcachofa de la ducha con su pistola Baloo. Al abrir el agua caliente... boom. Menos mal que don pollo de goma ha parado la bala. Es un héroe, se ha llevado un balazo por mí.

Imelda entre al baño, recupere la pistola.

Imelda: Por lo menos ahora tendremos con qué defendernos. Le decía que no soy quien usted cree.

Norma: Te escucho, me peino y te escucho. *(Se atusa el pelo usando de modelo-espejo una de sus propias cartetas).*

Imelda: Mi verdadero nombre no es Imelda Yuyu.

Norma: ¿No? Pues te pegaba con esa cara de boba.

Imelda: Mi nombre es Imelda Escalpelo.

Norma: ¿La hija del Dr. escalpelo?

Imelda: No, la sobrina. Verá, cuando usted demandó a mi tío, él perdió todo su dinero, la familia le dio de lado, incluso sus otras sobrinas Petra María y María Petra, henchidas de querulancia, trataron de demandarle también.

Norma: Las conozco. Vayas dos cenutrias.

Imelda: Todos sus parientes le dieron la espalda. Excepto yo. Yo no, Imelda no: siempre creí que la condena era desproporcionada. Es un cirujano magnífico al que dejaron sin medio talento en el banco con lo de la indemnización. Mi tío perdió la licencia y tuvo que exiliarse como refugiado en Francia.

Norma: Eso sí. ¿Pasando por Turquía?

Imelda: Eso sí. Ahora bien, yo la convoqué para este rodaje con la única intención de vengarme. Sí, lo admito. Quería tirarla por la terraza. Treinta y ocho con siete metros de caída libre. Tampoco era para matarla, vamos. Con tanta silicona, lipo, bótox, implantes y estiramientos, estaba segura de que rebotaría a lo cama elástica y no le pasaría nada. Quería demostrar que si su cara resistía una caída así es que mi tío, el doctor Escalpelo, no podía haber hecho un trabajo tan malo.

Norma: ¿Tú?

Imelda: Lo siento, perdóneme. El destino, en su sabiduría, hizo que nada saliese como lo esperado. Ahora hay una asesina en la isla. Alguien quiere acabar con todas las que estamos aquí.

Norma: Te perdono, boba. Pero, cuando volvamos me regalarás noventa mililitros de *Bótox*, que de tanto asesinato me están saliendo patas de pollo. Yo algo me olía, porque lo de la cacolalia es una cosa muy anómala y conocer a dos personas que la padezcan sin ser pariente, más inaudito aún.

Imelda: Qué sagaz es usted.

Norma: Si esto es como en la obra de Agatha Christie, el juez Wargrave es el malo. Yo me he pedido Vera. Tú eres Lombard con el nombre falso, pero ¿quién hace aquí el papel del juez?

Imelda: La inspectora. Presumo que es la inspectora.

Norma: Pues no presumas tanto. Interroguémosla.

Imelda: No es necesario. ¿No ve cómo lo está manipulando todo? Casi la mata de un disparo, la bala, cual picotazo de una abeja, como correspondería al negrito seis.

Norma: *(Casi convencida)* Seguro que ella misma se colocó la bomba bajo la cama para fingir su muerte. Lo llena todo de grasa, me manda revisar el faro de tal forma que yo me pringue y al lavarme las manos... boom. Lo que no me encaja es el recuento de lo de las rayitas.

Imelda: Con cada muerte una raya blanquita desaparece. Hasta la canción tiene sentido.

Norma: ¿La canción?

Imelda: Sí, primero muere el poeta atragantado.

Norma: *(Tararea)* «Diez negritos // a cenar se han marchado. // Solo nueve vuelven: // uno ha muerto atragantado».

Imelda: Luego la cocinera, Florinda Vecrén, asesinada a media noche mientras dormía. Igual que la sirvienta de la obra.

Norma: La señora Rogers.

Imelda: Después cayó Restituta y nunca mejor dicho lo de cayó.

Norma: Idéntico al asesinato del general amargado de la pieza original.

Imelda: Solo que esta se va de paseo por la terraza en lugar de por la playa y zas *(Canturrea)* «Ocho negritos // han salido a pasear...».

Norma: *(La corrige)* Blanquitas. Las rayas del faro, tú lo has dicho: *(Canturreando)* «Ocho blanquitas // han salido a pasear. // Una no regresa // quedan siete nada más».

Imelda: Y, a la vez, Perpetua es espachurrada y acaba partida en dos mitades.

Norma: «Siete blanquitas // cortan árboles caídos // solo quedan seis // si a la mitad una has partido».

Imelda: Tenemos que salir de aquí. En el embarcadero norte hay un bote de remos, *El Colmena*. Allí está esperando la dueña. Vamos, cojamos los abejorros y pongamos rumbo a la capital antes de que vuelva a apretar la tormenta.

Norma: Ve tú. Yo tengo que advertir a las siamesas.

Imelda: Pero ¿qué dice? Son mala gente. Si esto es como en *Diez negritos* será a causa de que todas son culpables de algo. Ya lo decía la obra: la maldad humana puesta a prueba.

Norma: Quizás... O quizás no. Si algo me han enseñado todos estos años en los escenarios es que no siempre las cosas son lo que parecen. Tú misma podrías haberte ido en ese bote y abandonarme a mi suerte, pero no, no lo has hecho. «Los corazones puros, en ocasiones, ofuscados por el rencor, se cobijan bajo el lóbrego manto de ira brocado en odio. Desde ese lugar, ciegos de sufrimiento como aves recién salidas del cascarón, sin saber volar aún, se columpian torpemente en el extremo de la rama que los vio nacer. Se balancean a suerte de caer al vacío y morir, o caer al nido y esperar a que tiempo y natura curen su afligida ingenuidad de neonatos. Los corazones puros, en ocasiones abrazan ese tejido de rencor brocado en vehemencia, sí, pero no olvides, mi pequeña, que la primera vez que sentimos odio, cierto es que este nos marca el corazón con acero incandescente, pero igual de cierto es que su cicatriz no determina para siempre nuestros latidos, pues la mujer ha de ser libre en su elección».

Pausa emotiva.

Imelda: ¿De Shakespeare?

Norma: No, de uno que firma con seudónimo, un tal Knight R. Crow. Shakespeare dijo aquello de que «sabemos lo que somos, pero no lo que podemos llegar a ser»: que viene a ser lo mismo dicho por Ofelia, pero sin monólogo. Y ahora vete y espéranos en el bote.

Imelda: *(Le tiende la pistola)* Tenga, llévese al oso Baloo, por si la cosa se pone fea. ¿Vamos?

Norma: Ni loca salgo yo con estos pelos, boba. Ve yendo tú, que me termino de atusar.

Salga Imelda a todo correr no sin antes devolverle la placa del suelo a Norma.

Escena 8

En el cobertizo del embarcadero.

Azucena: Les digo que ha sonado como *un tir*, un tiro.

Virtudes: ¿Tienen ustedes armas de fuego en el faro?

Azucena: *je ne comprends pas*, ¿Armas de fuego?

Jocasta: *(Dándole un trago furtivo a la garrafa de gasolina)* Armas de fuego, está claro: lanzallamas, no va a ser la espada de San Miguel.

Alfonsina: Esa, esa sí que te gusta a ti, San Miguel bien fresquita. ¿Quieres dejar ya de beber, paisana?

Jocasta: Es la tensión, que me seca la garganta.

Azucena: No, no tenemos ningún arma, pero le digo que me ha parecido que sonaba como un disparo, *Oui?*

Virtudes: Entonces habrá sido Baloo, mi pistola. Si alguien ha abierto el agua caliente…

Jocasta: Eso es lo que se llama disparar el consumo. ¿Un traguito?

Suenen unos ruidos mecánicos.

Alfonsina: Perdón, deben de ser mis tripas. Como al final no hemos cenado.

Azucena: No, no son sus tripas, *mon ami*. Se le está acabando el combustible al generador.

Virtudes: «Que no cunda el pánico entre los sospechosos». Páseme la garrafa, JBB.

Jocasta: *(Escondiéndola detrás)* ¿Qué garrafa?

Virtudes: No se haga la listilla conmigo, Jocasta. Sé perfectamente lo de su adicción al alcohol. Son ustedes media borracha, media cleptómana: 'borrómanas'... o 'cleptómachas'... Es igual. Alfonsina, hágase con la garrafa de su mitad alcohólica que en eso de sustraer cosas tiene usted experiencia. Necesitamos el combustible antes de que nos quedemos sin luz.

Tiemble la luz.

Virtudes: Hay una asesina entre nosotras y yo sin mi Baloo de nueve milímetros *parabellum*. Solo nos faltaría un apagón para que...

Oscuro.

El sonido del motor del generador deténgase lentamente. Se escuche el canturreo que viene de fuera, una voz parecida a la de Norma se hace presente mientras se acerca.

Norma: «Siete blanquitas // cortan árboles caídos // solo quedan seis // si a la mitad una has partido».

Se enciendan las linternas. Azucena prenda el farolillo eléctrico que vimos en el suelo. La estancia se ilumine tenuemente.

Norma: *(Empuñando el arma, sigue canturreando)* «Seis blanquitas // juegan con una colmena. // Si les pica el abejorro // solamente cinco quedan»... Muy inteligente, inspectora Virtudes.

Virtudes: Muchas gracias, muy amable, no sé a qué se refiere, pero si baja el arma, estoy dispuesta incluso a darle un abrazo de agradecimiento y bailarle un *twerking*.

Norma: Recrear los asesinatos de la novela policíaca para quedarse usted con toda la herencia. ¿Cómo pensaba hacerlo? Como en el texto original: dejando una carta para explicarlo todo en una botella.

Jocasta: Me ofrezco voluntaria para vaciar la botella.

Virtudes: O baja el arma o me veré obligada a emplear mi fuerza letal *krav-magá*[11] que aprendí en el Himalaya con los indios amazónicos, soy cinturón negro de karaoke.

Norma: Señora inspectora, dese la vuelta y rellene el depósito muy despacio.

Virtudes: Si me dispara con la garrafa de gasolina en las manos saldremos todos por los aires.

Norma: ¿Tal y como tenía pensado fingir su propia muerte? ¿No? Saltando por los aires gracias a la bomba falsa de su habitación. *(Les tira la baldosa a los pies)* Encontré el mecanismo oculto tras esta baldosa, bajo su cama.

Virtudes: *(Mientras rellena el depósito)* Vaya, vaya, vaya... esto sí que no me lo esperaba. ¿Con que alguna me ha puesto una bomba bajo la cama?

Jocasta: A la cocinera también la mataron de un bombazo. Bueno, después de envenenarla y de acuchillarla.

Norma: Tranquilas. Saldremos de aquí en *El Colmena*. *(A Azucena)* ¿Qué hace aquí, Azucena? Imelda me dijo que usted estaría esperando en el otro muelle con el único bote que tenemos.

---

11 *El krav magá o kravmagá* (del hebreo: [ברק] krav, 'combate'; y [עגמ] magá, 'contacto': 'combate de contacto') es el sistema de combate desarrollado en Israel en los años cuarenta para emplear en situaciones de extrema violencia y alto riesgo.

Azucena: Quise venir para...

Norma: No importa. Ataremos a la inspectora, la dejaremos atrás y nos iremos a la capital en busca de ayuda.

Alfonsina: Si nos vamos en la única barca, ¿para qué quiere dejarla atada? Con las ratas que hay ahí, esta dura menos que una estufa de madera en plenas fallas valencianas.

Virtudes: Exacto. Si yo soy su asesina, ¿cómo se explica que cuando murió la cocinera estuviera encargándome de un naufragio?

Azucena: *Oh, mon Dieu*, eso es cierto. Cuando llegó esta mañana traía un salvavidas que confundió con su tarjeta.

Norma: *(Comenzando a dudar)* No. No lo sé. Era más fácil cuando lo exponía Imelda.

Virtudes: Imelda... ¿Toda esa idea ha salido de Imelda? *(Saca algo del bolsillo con precaución para no llevarse un balazo)* Estos son los guantes que llevaba puestos Pajarraca Lechuzona Imelda Imelda Yuyu cuando intentó asesinarla. Ella es la verdadera criminal. *(Tirando de un cordón del chaquetón de las siamesas repetidamente)*.

Norma: Pero usted también es sospechosa. Sepan todas que la señorita Virtudes Pistada Quenoveas también es descendiente de los Quemadas. Ella opta a la herencia.

Virtudes: No lo sabía.

Norma: Lo he visto con mis propios ojos en el árbol genealógico. Sus apellidos la convierten en agnada lejana de Hermenegildo.

Alfonsina: *(Protestona)* '¡Hasta los gatos usan zapatos!' Todas herederas originales menos yo. Para una vez que necesita una tener ancestros casquivanos y no hay 'putifarra'.

Azucena: Otra Quemadas. *Bienvenue* a la familia.

Virtudes: Nada, que no quiere arrancar.

Azucena: Es que está tirando del chaquetón de las cleptómachas

Virtudes: ¡Oh!

Azucena: El generador se arranca con ese botón. Estoy segura de que la inspectora NO es culpable, Norma. Pero usted… las siamesas han hallado su cartea junto al cadáver.

Virtudes: Aún no sabemos si alguien más se esconde en el faro. Yo soy inocente y lo demostraré. *(Pulsando el botón)* ¡Que se haga la luz!

La luz parpadee y titile antes de encenderse por completo.

En ese instante se escuche, al otro lado del cobertizo, un grito de mujer en la distancia. La inspectora le quite el arma velozmente a Norma aprovechando el despiste.

Virtudes: ¿Han oído eso? *(Sale corriendo)* Creo que me he dejado la lavadora puesta.

Salga presurosamente.

Jocasta: *(En plan reproche)* ¿Su habitación tiene lavadora y en la nuestra la bañera suelta óxido?

Norma: El grito… Esa ha sido Imelda. Nos esperaba en embarcadero norte y…

Azucena: Vayamos, doña Norma, yo guío. Jocasta, venga también usted, ustedes, usted y media... puede que necesitemos *un docteur*.

Salga Azucena seguida por Norma. Alfonsina retenga unos instantes a su otra mitad.

Alfonsina: ¿Has visto eso, paisana?

Jocasta: Ya lo creo que lo he visto. *(Volcando la garrafa)* Otra vez sin *wifi*: me han dejado con menos cobertura que Vodafone.

Alfonsina: Eso no. *(Señalando a un rincón)* ¡Eso! La caja fuerte. Está aquí la caja fuerte. Sigámoslas el juego y esta noche, cuando todas se acuesten, volvemos, abrimos la caja y nos llevamos los millones.

Azucena: *(En off, reclamándolas desde fuera)* ¿Jocasta? ¿Alfonsina? ¿Cleptómachas?

Jocasta: Buena idea, y de paso visitamos el mueble bar del recibidor para resetear el rúter.

Salgan.

ACTO 3

Escena 1

Recepción del hotel.

Esté el cuadro del faro distinto, con solo cinco rayas blanquitas.

Azucena: *Deux, trois, quatre et cinq...* Cinco, solo quedan cinco blanquitas.

Norma: En honor de la justica deberían ser cuatro rayas y media, ¿no?

Alfonsina: ¿Lo dice porque usted es mitad silicona mitad humana?

Norma: *(Cambiando de tema indignada)* Qué disgusto lo de Imelda. Ahora que se había comprometido a regalarme noventa mililitros de *Bótox*, va y muere de esa manera tan horrible. Sólo hemos recuperado su cámara *(jugueteando con el frontal de la directora de cine)*.

Jocasta: Nosotras, con su permiso, nos retiramos a descansar.

Alfonsina: Y gracias por prestarme estas revistas de cocina belga, Azucena. Si no leo algo antes de dormir no logro coger el sueño.

Azucena: Nunca hubiera dicho que supiera belga con esa cara. *Bonne nuit, mon amour.*

Alfonsina: *(Entre dientes)* Muy graciosa... Porque no se imagina la piojo resucitada esta que me subo los libros de derecho de Perpetua aquí ocultos... *(A Jocasta)* Vamos, paisana, que seguro que averiguo una forma de ser oficialmente heredera, 'quien hizo la ley, hizo la trampa'.

Jocasta: ¿Les hace un brindis de buenas noches?

Norma: No, gracias.

Virtudes: He revisado sus habitaciones. Están limpias. Solo he hallado algo raro bajo mi cama *(Señalando un montón de cables en la mesa)*. Corté los cables, quité los tornillos y listo... bomba desactivada. Suban tranquilas.

Alfonsina: ¿Está usted segura?

Virtudes: Efectivamente y sí. Aquí abajo estaré segura, pero gracias por su interés.

Alfonsina: Me refiero a que si nosotras corremos peligro.

Virtudes: Negativo. Lo tengo todo controlado, o en su germanía: 'Inspectora prevenida, vale por dos'.

Jocasta: Ustedes deberían irse también a sus habitaciones y cerrar por dentro. Azucena ha dicho que solo hay una llave maestra y ahora está aquí a la vista de todas. Márchense a descansar.

Alfonsina: *(A Jocasta)* Muy lista, paisana. Así nos dejan terreno libre para volver a la caja fuerte.

Norma: Pues mira, yo, quizás me dé un baño rápido de espuma búlgara con leche corporal indogermánica y sales tibetanas 'revitonificantes' acompañada de mi Pavarotti.

Virtudes: Negativo: Yo montaré en el recibidor un centro de mando para vigilar la llave. Estoy oficialmente de guardia.

Azucena: He sacado algunas mantas por si fallase otra vez el generador y nos quedásemos sin luz. La calefacción es eléctrica y salir al cobertizo de madrugada no se lo recomiendo a nadie, créanme, hace más frío que en Burgos: *très froid*[12], mucho frío.

Virtudes: Siamesas, no olviden turnase. Que una siempre esté despierta. Si necesitan más pastillas de cafeína, todas suyas. Hace años que yo no preciso tomarlas. Las llevo solo para emergencias.

Jocasta: Con las que nos dio tenemos, inspectora *(se come un par de ellas)*. Azucena, maja, si tuviera un poco de güisqui para pasarlas. No sé, tres o cuatro botellitas.

Azucena: ¿Botellitas de mini bar?

Jocasta: O de *Maxi Día*. Botellitas cuanto más grandes mejor.

Azucena: No sé si quedará güisqui.

Jocasta: O anís, no me importaría un poco de buen anís.

Azucena: Miraré en la despensa y ahora se las subo, *chère amie*[13]

Norma: Un segundo. Ahora que estamos todas... todas las vivas, quiero decir... *(En alto, levantando la voz como si hablase con alguien más allá de los muros de esa estancia. Virtudes saque una libreta, una escobilla del váter y comience a tomar nota de las palabras de Norma)* Solo deseo recordarles que yo no soy heredera. Por si alguien siente el instinto de quitar otra blanquita del cuadro. ¡Eh! Se me matan

---

12 *Très froid.* Mucho frío.

13 *Chère amie.* Querida amiga.

entre ustedes... y todas tan contentas... Lástima que ya no estuviera amarrado el bote de remos cuando llegamos a por Imelda, si no, iban a disfrutar de mi presencia nocturna, señoras. Ni por todo el *Bótox* del mundo... Bueno, quizás por todo el *Bótox* sí, pero solo por eso. *(Recoge sus cosas, deja el frontal de Imelda y comienza el paradójico "mutis" cantarín)* Ayúdame Pavarotti, que ahora se me ha pegado la cancioncilla de las blanquitas y no me la saco de la cabeza... *(Sale entonando)* «Seis blanquitas // juegan con una colmena. // Si les pica el abejorro // solamente cinco quedan».

Salga Norma Gistral.

Alfonsina:	Nosotras también las dejamos.
Jocasta:	Buenas noches, inspectora. Bon anís, Azucena.
Azucena:	*Bonne nuit*, JBB.
Jocasta:	No, no, no... Bon anís, que se acuerde de subirme el bon anís, por favor.

Salgan las borrómanas Jocasta y Alfonsina hacia su cuarto. Azucena, lo haga hacia la cocina. La inspectora, revisando los apuntes, tararee la cancioncilla que acaba de escuchar a Norma.

Virtudes:	«Seis blanquitas // juegan con una colmena. // Si les pica el abejorro // solamente cinco quedan». Vaya, vaya, vaya... con que el bote se llama *El Colmena* y hemos encontrado a Imelda con un remo atravesado en el pescuezo...

Crucen de fondo las dos siamesas sin que nadie la vea... Bueno, solo está Virtudes en la estancia, pero tan concentrada en lo suyo que no percibe su presencia.

Alfonsina: Vamos, al cobertizo, Jocasta.

Jocasta: Las píldoras de cafeína me están dando sueño.

Alfonsina: Por supuesto, las píldoras de cafeína y no el hecho de que te bebas todo lo que pillas por el camino.

Jocasta: *(Quitando las flores de un jarrón e ingiriendo el contenido líquido de este, responde)* Eso es mentira. todavía no he probado ni una gota del paragüero.

Virtudes: ¡Eugenia!

Salgan corriendo.

Azucena: *(Entrado)* Azucena, me llamo Azucena.

Virtudes: ¿La cena? No gracias, no tengo hambre. ¿No tendrá un bolígrafo que me pueda prestar? *(Con la escobilla aún en la mano)* El mío se ha quedado sin tinta.

Azucena: ¿Está escribiendo con una escobilla del váter?

Virtudes: Esto... *(Pillada)* Efectivamente y sí. Es obvio que ese cuarto de baño y yo jamás de los jamases nos vamos a llevar bien.

Azucena: Tenga. *(Le pasa un bolígrafo).*

Virtudes: Ahora, si es tan amable, me gustaría que me aclarara unas cuestiones respecto al nombre del bote.

Azucena: Por supuesto, dispare.

Virtudes: Disparo.

Virtudes saque el arma: tiro al aire que estalla unas lámparas y provoca reducción de la luz.

Azucena: ¡¡Se ha vuelto loca!? *Quelle peur!* ¡Qué susto!

Virtudes: Usted me dijo que disparase y Baloo cuando ruge, ruge.

Azucena: *Oui*, pero se acaba de cargar tres tríos de bombillas.

Virtudes: ¿Qué tragaban trigo en un trigal? No se despiste y conteste a la pregunta.

Azucena: Si no me ha hecho ninguna pregunta.

Virtudes: Buena respuesta. Siguiente pregunta: ¿Quién le puso ese nombre al bote?

Azucena: No lo sé. Cuando heredé el faro ya estaba aquí *El Colmena* y los abejorros: sus remos, tan orondos e hinchados por la humedad que así los llamaban. Yo creo que la careta de Norma es la clave.

Aparezca Norma Gistral con albornoz de diva y mascarilla facial color verde alga.

Norma: ¡Otra! ¡¡Ya se han cepillado a otra!! Pavarotti no había llegado aún a su aria cuando ha sonado un disparo.

Virtudes: Todo controlado.

Norma: Imposible, he oído un tiro y...

Virtudes: *(La silencia)* Con-tro-la-do. ¿Con que se hace esa mascarilla facial?

Norma: (*Orgullosa*) Es de algas de aquí, del archipiélago, producto *made in Legalia*, eso sí, manufacturado en Rumanía que nos sale más barata la mano de obra y nos ahorramos unos impuestillos.

Virtudes: Tiene el mismo color que los restos del remo que le clavaron a Imelda. Sospechoso.

Azucena: Hombre, *mon inspecteur*. Si se hace con algas de aquí y los remos llevan años aquí... absorbiéndolas...

Virtudes: ¿Primero la acusa y ahora la defiende?

Norma: ¿Me ha vuelto a acusar la franchutesa esta venida a más?

Azucena: *Belge*, mi amiga, soy belga.

Norma: ¿Belga de la parte de flamencos o de la parte de valones?

Azucena: *Oh, mon Dieu!* Qué básica es usted. Ni flamencos ni valones, a mí nunca me gustaron ni las sevillanas ni el fútbol.

Reaparezcan en escena las siamesas. Entren por donde salieron y, sin que ninguna de las otras tres las vea, regresen a su habitación.

Alfonsina: ¡Malditas cajas fuertes! Imposible de abrir: 'se cree el ladrón que todos son de su condición' ¿Por qué narices las harán tan blindadas?

Jocasta: Alfonsina, este mareíllo con un güisquito se me pasaba enseguida. Voy a preguntarle a doña Azucena.

Alfonsina: (*La retiene*) Lo que vas a hacer es darte una buena ducha fría con óxido mientras yo me tumbo a estudiar los libros de Perpetua. Si consigo un resquicio legal para hacerme heredera, nos llevamos doble tajada... y más aún si pensamos cómo cargarnos a estas.

Salgan.

Norma: Me refería a que, si es de la parte de Flandes, Amberes ¿o más de Luxemburgo, Lieja...?

Azucena: Belga, carallo, belga *(Corrigiendo el brote de acento gallego que le ha salido bajo la presión geográfica de Norma)* *Tu me fais chier!*[14] belga de Bélgica, *Putain!* Belga... belga... de... de la parte del Congo.

Norma: ¿Africana?

Azucena: No, del Congo Belga, no del Congo africano.

Virtudes: Doña Norma, aquí las preguntas las hago. ¿Me podría decir las siguientes estrofas de la canción de su película? Quizás esto nos dé una pista para el futuro.

Norma: *(Cogiendo unos papeles de un rincón)* Aquí estará la letra completa. Imelda iba dejando el guión[15] por todas partes. Mire: «Seis blanquitas // juegan con una colmena. // Si les pica el abejorro // solamente cinco quedan».

Virtudes: Así murió Imelda, con el remo de la colmena clavado en el cuello cual picadura de abejorro.

---

14 *Tu me fais chier!*. ¡Me molestas! o ¡Déjame en paz!

15 Sí, lo sé. según La Academia, actualmente la palabra 'guión' se debe escribir 'guion', sin tilde. Pero como mi forma de pronunciarla continúa haciéndola bisílaba, con todo mi respeto (o sin él) y con el permiso de la RAE (o si él), me permito el desliz calculado de ponerle la tilde a este guión.

Norma: «De las cinco blanquitas // que derecho estudiaron; // tan solo quedan cuatro // una ya se ha licenciado».

Virtudes: *(Interrumpiéndola)* Vaya, vaya, vaya...parece que...

Norma: *(Interrumpiendo la interrupción divamente)* Shhh, no me interrumpa que me corta el entrenamiento vocal Linklater.

Virtudes: Perdón.

Norma: «De las cinco blanquitas // que derecho estudiaron; // tan solo quedan cuatro // una ya se ha licenciado. // Cuatro blanquitas // van remando así a la vez // un arenque rojo ataca // y ya solo quedan tres. // Las tres blanquitas // pasearon por un zoo // un gran oso se ha escapado // y ha dejado solo a dos».

Virtudes: Vale, vale, vale. Está claro que estamos a salvo.

Suene un golpetazo sobre sus cabezas, cristales. Un ruido seco. Tiemble la luz brevemente sin llegar a apagarse. De nuevo sonido de lluvia.

Azucena: La tormenta. Esperemos que la luz aguante, pero, por si caso, traeré unas velas.

Salga Azucena.

Virtudes: Ni licenciados en derechos ni arenques rojos. Imposible. Probablemente, todas estas muertes no hayan sido más que una serie de desafortunadas coincidencias. Casualidades. Paralelismos estúpidos que no se corresponden realmente con los asesinatos de la obra de Agatha Christie. «Sacar conclusiones precipitadas es tan negativo como no sacar conclusiones a tiempo».

Aparezca Jocasta sola, sin siamesa. Avance trastabillándose hasta Norma y la inspectora. Lleve un albornoz y una toalla envuelta en la cabeza.

Jocasta: Alfonsina. Ha sido Alfonsina.

Norma: ¿Su hermana siamesa?

Jocasta: Sí... *(Se mira el brazo y cae en la cuenta de que no lleva a Alfonsina 'siamesada' en este)* Bueno... ahora ya creo que no importa que sepan la verdad.

Norma: ¿No me diga que se le ha desenganchado a causa del «giramiento dirigido tardío»?

Azucena: *(Entrando con las velas en la mano)* ¿Me decían algo?

Norma: Sí, ¡gédete!

Azucena: *Putain*, qué carácter... ¿Jocasta, se encuentra usted bien? ¿La veo más delgada?

Norma: ¿Cómo si le faltase la siamesa del otro lado?

Se siente Jocasta.

Jocasta: Verán, *(tose)* en realidad no somos siamesas. *(Tose y se sienta mareada)* Siento haberlas engañado... Yo... yo... *(cabecea, hundiendo la barbilla en el pecho)*.

Virtudes: ¡Ha muerto!

Pausa. Se miren retadoras, desconfiadas. Jocasta tosa y regrese en sí un segundo para, de nuevo, volver a hincar la cabeza.

Norma: ¡No ha muerto! Se ha quedado dormida.

Virtudes: Lo que yo decía. Traeré un poco de agua para darle píldoras de cafeína. *(Saca del bolsillo un paquete de maíz para microondas)* Mira dónde estaba el sobre de las evidencias.

Azucena: Ese sí que es un sobre de palomitas para el microondas.

Virtudes: Efectivamente y sí. Siempre llevo palomitas para los momentos de guardia. Voy a prepararlas y a por el agua.

Salga Virtudes.

Jocasta: Yo... *(Despertándose)* Yo me metí a la ducha mientras Alfonsina...

Azucena: Inspectora, el *verre d'eau*: el vaso de agua, rápido, que ya vuelve en sí.

Jocasta: *(Tose)* La verdad es que preferiría un poquito de vodca.

Virtudes: ¿Qué le ha ocurrido a Alfonsina?

Jocasta: ¡Ha muerto!

Norma: *(A la vez)* ¡Otra!

Azucena: *(A la vez) Mon Dieu!*

Virtudes: *(A la vez)* ¿Cómo? ¿Cómo ocurrió? ¿Vio usted a la asesina?

Azucena: Es Norma. Fue la única que estuvo arriba con ellas.

Jocasta: *(Cada vez más mareada)* Alfonsina se tumbó para estudiar los libros de derecho que había robado. *(Tose)* Los papeles que tenía la albacea. Repasaba el legajo de documentos reglamentarios...

Azucena: ¿Y eso la mató? Murió de aburrimiento, seguro.

Jocasta: No. *(Tose)* Murió espachurrada. Alfonsina estaba estudiando un resquicio legal para poder optar a la herencia cuando la lámpara que pendía sobre su cama se descolgó de golpe machacándole la cabeza.

Virtudes: Alguien debió de serrar el anclaje. ¿Cómo no se me ocurrió revisar eso?

Jocasta: Tengo sed. *(Se desvanece)*.

Virtudes: Está muerta.

Pausa. Se intercambien miradas desconfiadas unos segundos. Cojan una de las mantas y cubran el cuerpo de Jocasta. Justo cuando le van a tapar la cabeza, esta dé un respingo y tosa de nuevo.

Jocasta: ¿Y el vasito de vodca que había pedido?

Caiga definitivamente muerta.

Virtudes: Ahora sí que sí, está muerta.

Azucena: *(Con el bote de pastillas de cafeína)* Quizás si le damos una de sus pastillas de cafeína vuelva en sí.

Virtudes: *(Coge el bote)* Esto no son mis pastillas de cafeína.

Azucena: *Pardon?*

Virtudes: Mire aquí: son rojas *(muestra una píldora entre sus dedos)*. Una de ustedes dos le dio el cambiazo para acabar con su vida. Seguro que también serraron el anclaje de su lámpara.

Azucena: Norma. Tuvo que ser Norma. Ella se quedó sola en el faro cuando nos separamos. Ha tenido tiempo de prepararlo todo.

Norma: El cambiazo de qué. ¿Cómo ha muerto? *(Entre dientes)* Si es que ha muerto, porque viendo su índice de aciertos tan bueno como el de la intención de voto en las encuestas.

Virtudes:	El cambiazo con mi raticida en píldoras patentado. Es fulminante. Lo hago yo misma con extracto de arenque rojo.
Norma:	¡Casualidades una leche! Sí que estamos muriendo como en *Diez negritos*.
Virtudes:	Incorrecto. Ninguna blanquita de su canción muere envenenada con raticida ni espachurrada por una lámpara.
Norma:	«De las cinco blanquitas // que derecho estudiaron; // tan solo quedan cuatro // una ya se ha licenciado».
Azucena:	Oh, p*our l'amour de Dieu!*[16] Esa es Alfonsina.
Norma:	«Cuatro blanquitas // van remando así a la vez // un arenque rojo ataca // y ya solo quedan tres».
Virtudes:	Vaya, vaya, vaya... al final sí que íbamos a tener arenques rojos de qué preocuparnos.
Azucena:	Lástima que haya muerto antes de podernos contar quién la asesinó.
Azucena:	Está claro que ha sido la actrizucha plástica esta.
Norma:	O la dueña de faro que no es más que un piojo resucitado capaz de serrar la lámpara para...

Muy violenta, de golpe.

Azucena:	Mai eso sí que no consiéntotelo, Normariña del carallo, que llevo aguantándote tres días. *(A la vez que Norma)* Cacholana[17], que lo único que hiciste

---

16 *Pour l'amour de Dieu!* ¡Por el amor de Dios! o ¡Po todos los cielos!

17 Cacholán/a, en gallego viene a significar «Que persiste nas súas ideas ou actitudes, mesmo ante a evidencia de estar equivocado ou obrando mal».

fue quejarte y quejarte, camanduleira[18]. Para dos películas que rodaste, fazañeira[19], lagrana, que eres una lagrana[20], lacazana...

Norma: Falsa, que eres una falsa. ¿¡Belga, dice!? Belga con más galleguismos que galicismos. Ese acento huele más a zamburiñas que la ría de Arousa en plena crecida...

Virtudes: ¡¡Señoras, ya está bien!!

Dé dos tiros al aire. Silencio. Baje un poco más la luz.

Azucena: ¿¡Ahora los led!?

Virtudes: Lo mejor es que nos serenemos.

Norma: Exacto. Recuerden que yo no soy sospechosa. Las únicas herederas que quedan para repartirse la herencia del poeta son ustedes dos. Como decía Vera en *Diez negritos*: «La asesina tiene que ser uno de ustedes». Voy a la cocina a por un poco de leche tibia con jugo de valeriana canadiense y pasiflora de Móstoles a ver si me relajo un poco.

Salga Norma.

Azucena: Ella es la asesina. Se monta películas donde no las hay, *mon amour*.

---

18 *Camanduleiro/a*, hipócrita.

19 *Frazañeiro/a*: que lardea mucho de las «súas fazañas».

20 *Lagran/a*: persona que tiene aversión por el trabajo. sinónimo de lacazán/lacazana.

Virtudes: Hablando de películas. *(En alto. Dirigiéndose a Norma)* Ya que está en la cocina, ¿me podría traer mis palomitas de microondas, por favor?

Azucena: Sin embargo si ella no es heredera, quizás tenga razón...

Norma: *(En off)* El microondas está desenchufado. Lo conecto.

Azucena; ...Solo quedamos usted y yo como descendientes de los Quemadas *(cada vez más intimidatoria, se acerca hacia la pared y coge un hierro/arpón de la decoración marinera)*.

Virtudes: ¿Qué hace?

Azucena: Está claro. Solamente usted pudo cometer todos esos crímenes.

Virtudes: Suelte ahora mismo eso.

Azucena: Norma está descartada. Sólo queda usted, Virtudes Pistada Quenoveas.

Con un rápido movimiento, Virtudes se lleve la mano al cinturón y desenfunde un sobre de palomitas.

Virtudes: No se mueva o me veré obligada a disparar.

Azucena: *(Desconcertada)* ¿Dispararme con un sobre de palomitas para el microondas?

Virtudes: Vaya, vaya, vaya... si esto está aquí, ¿dónde habré dejado a Baloo, mi pistola?

Suene un disparo, una especie de estallido al otro lado. En la cocina.

Virtudes: *(A la vez que Azucena)* ¡¡Norma!!

Azucena: *(A la vez que Virtudes)* ¡¡Norma!!

Oscuro.

Virtudes: *(En off)* ¿El generador?

Azucena: *(En off)* No. Esta vez creo que han saltado los plomos por el cortocircuito.

Escena 2

Suene la música. Vuelva la luz en la estancia lentamente, marcando una última elipsis temporal. Veamos a Virtudes en un lateral, apuntando con su pistola a Azucena, la cual, se encuentre en el otro sector, con el arpón a modo de arma defensiva. Ambas muy cansadas de vigilarse toda la noche.

Virtudes: Ya está amaneciendo. En cuanto vuelva el teniente Fermín, será usted detenida y puesta a disposición de las fuerzas de seguridad de Legalia.

Azucena: Está viendo solo lo que quiere ver. Usted sufre ahora una percepción errónea de la realidad: «distorsiones perceptivas», creo que se llama. Es como el que piensa que ha oído pasos, pero no hay nadie detrás. A veces nos ofuscamos y creemos cosas que no son y, y, y...

Virtudes: *(Terminando la frase)* Y terminamos quitando del medio a todas las competidoras, ¿no? Matando a las otras herederas.

Azucena: Yo no fui quien metió la pistola en el microondas ni la que pidió las palomitas a Norma Gistral.

Virtudes: No se haga la inocente conmigo. *(Muy acelerada)* Usted lo preparó todo. Me dio el cambiazo y colocó allí mi arma, desenchufando el microondas.

Azucena: ¿Cuándo?

Virtudes: Cuando salió a por las velas. Sabía que mi pistola tenía un oso grabado en las cachas, en la culata. Era perfecta para su plan: «Las tres blanquitas // pasearon por un zoo // un gran oso se ha escapado // y ha dejado solo a dos...».

Azucena: «Y ahora dos blanquitas // se van a tomar el sol. // ¡Pum! Ya solo queda una // pues la otra se tostó». ¿Ya ha pensado como «tostarme» al sol?

Un pitido agudo repetido suene de fondo. Ambas giren la vista hacia la mesa donde parpadee la cámara frontal de Imelda.

Azucena: La cámara de Imelda. Se le estará agotando la batería. Ahí tiene la prueba, inspectora. Seguro que la cineasta grabó a la auténtica asesina.

Virtudes: Buen truco.

Azucena: Imelda no se quitó el frontal en todo el rato.

Virtudes: Eso no significa que grabase a la asesina.

Azucena: Claro que sí, inspectoriña. Cuando Resitaruda...

Virtudes: Restituta.

Azucena: Cuando Restituta colgaba del picaporte, Imelda miraba hacia la terraza del faro. Su cámara estaba grabando en el momento en que la asesina llegó y empujó la puerta. Nuestra vista no pudo captar el detalle, pero seguramente su frontal sí. Si amplía la imagen tendrá a su asesina y verá que no soy yo

Virtudes: *(Yendo hacia la cámara)* No se mueva o pondré a trabajar a Baloo.

Mientras Azucena hable, la inspectora ojee la cámara de Imelda, asintiendo con la cabeza.

Azucena: Incluso puede que salga quién la asesino a ella. En el muelle norte, cuando Imelda estaba conmigo, encendió el frontal para iluminarnos. Supongo que, si luego regresó al embarcadero, lo encendería nuevamente. Su asesinato ocurrió justo cuando se fue la luz, mientras nosotras estábamos en el cobertizo. Oímos el grito cuando usted reactivó la corriente. Eso también debería exculparme.

La inspectora saca la tarjeta de la cámara y se la guarda.

Azucena: ¿Qué ha visto?

Virtudes: Me guardo las pruebas. Yo tenía razón.

Azucena: Le digo que no he matado a estas personas.

Virtudes: Tenía razón en que probablemente, todas estas muertes no hayan sido más que una serie de desafortunadas coincidencias. Casualidades. Paralelismos estúpidos que no se corresponden realmente con los asesinatos de la obra de Agatha Christie. «Sacar conclusiones precipitadas es tan negativo como no sacar conclusiones a tiempo».

Azucena: ¿Qué ha visto?

Virtudes: *(Bajando el arma)* A mí.

Azucena: ¿Cómo dice? ¿Cómo que a usted? A ver si se ha puesto la cámara en modo *selfie* en lugar de reproducción.

Virtudes: Al recordar que me dejé la ducha abierta subí corriendo. Pasé por la terraza e, instintivamente, al ver la puerta abierta... «las corrientes son muy malas y jamás dejo una puerta abierta por si hay corriente».

Azucena: Entonces fue un accidente.

Virtudes: Efectivamente y sí. Aquí se me ve.

Azucena: ¿Y cómo no tenía las manos manchadas de blanco?

Virtudes: Por la ducha. Subí a cerrar la ducha. Con el despiste, cambié mi arma por la alcachofa y el agua aplicada inmediatamente después de tocar la puerta debió de limpiar todo resto de pintura.

Azucena: Imposible. ¿Y el asesinato de Imelda?

Virtudes: Imelda desamarró el bote. Estaba agarrada a un extremo pelado del cable: sale con un remo en la otra mano. El remo, de madera vieja hinchada por la humedad, hizo que... cuando yo presioné el botón del generador... ¡¡hágase la luz!! Una sacudida eléctrica contrajera el cuerpo de Imelda, provocando que se clavase el abejorro en el cuello del respingo que dio al electrocutarse.

Azucena: ¡Toma ya con la inspectora!

Virtudes: Quizás sí que fuera yo quien dejase a Baloo en el microondas por despiste y, también por error, confundiera los frascos de cafeína y raticida.

Azucena: Cuando me dio el frasco ayer al conocernos, recuerdo que le dije: «aquí pone pastillas de cafeína».

Virtudes: A lo que yo le respondí que usaba el mismo tipo de recipiente *(a la vez)*. Para despistar a los narcotraficantes de *Fariña*.

Azucena: *(A la vez)* para despistar a los narcotraficantes de *Fariña*. Pues sí que va a ser verdad que se ha cargado a todas.

Virtudes: *(Triste, pero acelerada)* Sin querer, no se le olvide. ¿Cómo ha dicho que se llamaba eso? ¿Distorsiones perceptivas?

Azucena: Creo que sí, pero yo tampoco soy psiquiatróloga.

Virtudes: Es evidente que la bomba que creí desarmar en el suelo de mi habitación no era tal. Tal vez solo desatornillé el anclaje y corté los cables de la lámpara del cuarto de abajo. Lámpara situada exactamente sobre la cama de Alfonsina.

Azucena: Tiene sentido. Yo misma hospedé a las falsas siamesas y Restornuda en la habitación que está debajo de la suya.

Virtudes: *(Cabizbaja. Dolida consigo misma)* Haber encontrado restos de bomba en el cadáver de Florinda hizo que mi percepción distorsionada creyera que...

Azucena: Distorsión, distorsiones perceptivas. Pero no se me castigue más. *(Con total relajación en el habla, sin contener más el acento gallego que mantendrá de aquí en delante)* Para que se me consuele le confesaré un secretillo: no soy belga. Soy gallega.

Virtudes: Un momento *(vuelve a empuñar el arma, apuntando a Azucena)*.

Azucena: No me dirá ahora que es usted del frente de antigalleguistas del archipiélago.

Virtudes: Quizás no sea usted la culpable de estas muertes, pero sí que es una asesina.

Azucena: ¿Ya se le volvió a ir la cabeza? ¿Ya está percibiendo distorsiones de nuevo, inspectoriña?

Virtudes: No. Manual C, capítulo diez y seis, punto dos: «Atar cabos uniendo antecedentes».

Azucena: ¿Y lo de «sacar conclusiones precipitadas es tan negativo como no sacar conclusiones a tiempo»?

Virtudes: Pues sí que es gallega sí, me responde a todo con otra pregunta.

Azucena: ¿Quién? ¿Yo?

Virtudes: Cabo suelto: asesinato real de Florinda Vecrén. Antecedente: su tendencia a cambiarse de nombre. ¿Eugenia?

Azucena: ¿Otra vez con eso?

Virtudes: Muy lista. Servirme el móvil del crimen en bandeja para que yo me lo tragara sin más.

Azucena: ¿Qué dice?

Virtudes: Sus palabras exactas fueron: «a la cocinera la confundieron conmigo».

Azucena: ¿Y no fue así? Una cosa es que no sea belga y otra muy distinta es que...

Virtudes: ¡Cállese! Usted es la cocinera y Florinda era la auténtica heredera. La mató y le contó a Perpetua una patraña del cambio de nombre. Mentira. Todas invenciones para quedarse con el faro y su parte del dinero, aunque fue una estupidez. El apellido Vecrén también es descendiente del poeta y dinero sí que le hubiera correspondido.

Azucena: Madre mía, le están saliendo más parientes que a Julio Iglesias, Cela y a Dalí juntos.

Virtudes: «Prestar atención a los detalles de las declaraciones es fundamental para cazar al criminal», pero hasta ahora no he caído en la cuenta.

Azucena: ¿Qué yo declaré? Si yo no dije nada, que conste.

Virtudes: Sí que lo hizo, pero sin ser consciente de ello. Cuando nos trajo las mantas no explicó: la calefacción es eléctrica y salir al cobertizo de madru-

gada no se lo recomiendo a nadie, hace más frío que en Burgos.

Azucena: ¿Y?

Virtudes: Lleva solo tres días de dueña del faro. ¿Cómo podía saber que no era recomendable por el frío «salir al cobertizo de madrugada»? Sencillo: Envenenó a la auténtica Azucena, la arrastró al cobertizo para apuñalarla y hacerla explotar por los aires. Suerte tuvo de no volar toda la isla. Una explosión junto a un generador alimentado con gasolina...

Azucena: ¿Qué dice?

Virtudes: Usted robó la careta de Norma para inculparla. Era la única que tenía acceso a su habitación gracias a la llave maestra.

Azucena: ¿Y Norma no tenía acceso?

Virtudes: Recuerdo perfectamente que no tardó en acusarla: «La asesina es doña Norma. *Criminel!* Seguro que se le calló su cartera cuando cometía el crimen», expresó cuando estábamos en el cobertizo.

Azucena: ¿Inspectoriña?

Virtudes: Es usted la auténtica cocinera. No sé cómo no caí en ello cuando nos explicó con pelos y señales la dificultad del pastel del pastor o al prestarle revistas de recetas a Alfonsina. Eso, darme el móvil del delito, acusar a la diva, comentar lo del frío...

Azucena: Mire, lo del frío díjelo, sí, lo admito. Pero ¿qué prueba eso?

Virtudes:	Cabo suelto: su lengua traicionera. Lo del frío por sí solo no prueba nada, pero si lo unimos al otro desliz.
Azucena:	¿Qué desliz?
Virtudes:	Hacen unos minutos afirmó: Solo quedamos dos y yo sé que no he matado a ninguna de estas seis personas. *(Pausa)* De estas seis personas... Restituta, Perpetua, Imelda, Alfonsina, Jocasta, Norma... seis personas. En la cuenta, en sus cuentas, no entra la cocinera.

Tras unos segundos de incómodo silencio.

Azucena:	Vale, sí, sí, sí... Yo me cargué a Azucena Fría Quemadas y me cambié el nombre por el ella. Pero se lo merecía. Además, hícelo antes de saber que podría optar al dineriño.
Virtudes:	Vaya, vaya, vaya... Su declaración ha quedado grabada aquí, en la cámara de Imelda.
Azucena:	Pero si eso es una de las velas que traje.
Virtudes:	¡Oh! .
Azucena:	Además, le sacó la tarjeta al frontal y no tiene batería. Tarjeta en la que sale usted cometiendo seis asesinatos.
Virtudes:	Accidentes. Homicidios involuntarios. Casualidades.
Azucena:	Mire, Virtudes. Le propongo un trato: yo no digo nada de los accidentes. Me callo lo de las casualidades y usted me guarda el secretiño de lo de la cocinera.
Virtudes:	Imposible. Soy un ser puro. Incorruptible.

Azucena: Y también es heredera directa del poeta. Cuatrocientos cuarenta y un millones de talentos en bonos del Estado a repartir entre las dos. Al fin y al cabo, yo me quedo igual, pues pensé que solo se presentaría la Ristaltunda esa...

Virtudes: Restituta.

Azucena: ...pero usted, con ese dineriño sí que podría terminar de pagar su beca autofinanciada.

Virtudes: Le repito que yo soy buena gente. Me habré cepillado a seis inocentes, pero no me convierte eso en mala persona.

Azucena: De inocentes nada. Otra vez distorsiones perceptivas. Las siamesas querían quitarse del medio a Restrutada.

Virtudes: Restituta.

Azucena: ...como se llame, se la querían quitar del medio para quedarse ellas con la herencia. ¿Eso es buena gente, carallo? Son unas sanguijuelas.

Virtudes: No debería hablar mal de los muertos.

Azucena: Una vez leí que la misma Agatha Christie respondió a esa afirmación diciendo que era una tontería. «La verdad siempre sigue siendo verdad. Y hay que moderar las palabras hablando con los vivos. A diferencia de los muertos, a ellos sí los puedes lastimar». Como le decía, la misma Ristairdata...

Virtudes: Restituta.

Azucena: ...Era una mala pieza. Menuda pescadera, no dejaba pasar la oportunidad de insultar a alguien y humillarle.

Virtudes: Perpetua. Perpetua era buena gente.

Azucena: Que usted sepa. Además, técnicamente la mató la pescadera en la caída, no usted.

Virtudes: *Touche.*

Azucena: Imelda vino aquí para, bajo la excusa de grabar una película, poner fin a la vida de Norma Gistral como venganza. La diva nos lo contó cuando encontramos el cadáver de la cineastiña. ¿Y ella? la propia Norma Gistral le sacó un dineral a un cirujano por un trabajo bien hecho. Esto sí que es como en la obra de Agatha Christie. Ninguna de las ocho blanquitas somos unos ángeles. Pero tampoco creo que seamos unos demonios.

Virtudes: Bueno. Usted se ha cargado a alguien a sangre fría.

Azucena: *Touche.* Pero no se puede dar marcha atrás. Aduciremos que todo lo tenía preparado doña Norma. Declararemos que se fue quitando del medio a todas, siguiendo la canción de los *Diez negritos*, y que cuando usted lo descubrió, intentó detenerla en la cocina. Ella se resistió y tuvo que poner a Baloo a trabajar. Un disparo en defensa propia, carallo. Yo soy testigo.

Virtudes: ¿De Jehová?

Azucena: No. Testigo de su increíble proeza. ¿Qué me dice? Cuatrocientos cuarenta y un millones de talentiños en bonos del Estado a repartir. *(Le tiende la mano)* ¿Hay trato?

Virtudes se lo piensa.

Duda.

Tras unos segundos. Le tiende la mano y cierra el trato con un apretón.

Virtudes: Hay trato solo que me queda un cabo suelto: ese cuadro. Es una pregunta que me ronda. La desaparición de las diez blanquitas... Es que...

Azucena: Dispare.

Virtudes pegue un tiro al aire en el mismo momento en que se produzca el oscuro.

Azucena: *(En off)* ¡Por Dios, inspectora! Que como siga así me dejará sin ninguna luz en casa y, al fin y al cabo, esto es un faro.

Entre la música de cierre de acto y se mezcle poco a poco con la del...

EPÍLOGO

Vuelva la luz en la estancia lentamente. Entren las actrices y comiencen el epílogo.

Jocasta: Misterios. ¿Qué es lo que vemos?

Alfonsina: ¿Qué es lo que creemos ver?

Jocasta: ¿Dónde terminan los límites de la realidad y comienzan los de aquellas percepciones distorsionadas?

Restituta: Agatha Mary Clarissa Miller.

Norma: Agatha Christie.

Restituta: Mujer. Escritora que bregó como nadie en un mundo de hombres.

Virtudes: *(Encabalgándose)* Mujer que logró labrarse un hueco por su calidad y su talento, dijo:

Norma: «Aprendí que no se puede dar marcha atrás,

Jocasta: ... que la esencia de la vida es ir hacia adelante. La vida, en realidad, es una calle de sentido único».

Alfonsina: Aprendamos nosotros a seguir hacia adelante...

Azucena: *(Encabalgándose)* ...Busquemos ese faro que, aunque no nos oriente, al menos ilumine el camino y advierta de la colisión contra las rocas.

Perpetua: Aprendamos.

Jocasta: Aprendamos a romper los prejuicios. A que la bondad y la maldad, rara vez existen en estado puro. Aprendamos.

Alfonsina: Aprendamos a que la maldad y la bondad rara vez existen por separado la una de la otra, pues son conceptos humanos...

Azucena: *(Encabalgándose)* ...Sociales...

Virtudes:	*(Encabalgándose)* ...Ceñidos a nuestro tiempo y prisioneros de nuestra forma de concebir el mundo.
Perpetua:	Y es que, al fin y al cabo, a nosotras...
Norma:	...como a los personajes de esta historia...
Jocasta:	...también nos mueven pasiones,
Alfonsina:	*(Encabalgándose)* ...deseos,
Jocasta:	*(Encabalgándose)* ...vicios y virtudes.
Norma:	Aprendamos que siempre cometeremos errores.
Jocasta:	«Cuando no hay humildad, los seres humanos se degradan», sentenció Agatha Christie.
Perpetua:	Aprendamos.
Azucena:	Aprendamos a ser humildes.
Alfonsina:	Porque como expresó la autora de *Diez negritos*: «No hay nada más agotador en el mundo que aquella persona que siempre tiene razón».
Virtudes:	Aprendamos.
Norma:	Aprendamos que solo mejoraremos cuando no tengamos la razón si somos capaces de escuchar. De mirar con los ojos del alma.
Jocasta:	Aprendamos, sí.
Todas:	Aprendamos...
Azucena:	que todavía... nos queda mucho por aprender.

Final